日本語リテラシー

伊藤善隆・小森潔 監修

はじめに

　このテキストは、大学生から社会人になるために必要な日本語リテラシーを学習するものです。半期の授業で使用すれば、効率よく日本語リテラシーの要点を学習することができます。また、通年の授業で使用すれば、スピーチや作文の課題を繰り返し実施したり、副教材として他のプリントやビデオなどを併用したりすることができます。

CONTENTS

はじめに・もくじ　◆　3

序章　コミュニケーション能力の重要性　◆　5

01　自己紹介　◆　7

02　スピーチ　◆　11

03　敬語の基本　◆　15

04　電話対応の基本　◆　21

05　面接の基本　◆　25

06　良い文章とは　◆　29

07　記憶に残る文章　◆　31

08　ストレスのない文　◆　33

09　文章作成の手順1〜テーマを絞る〜　◆　35

10　文章作成の手順2〜実際に書いてみよう〜　◆　37

11　メールの基本　◆　41

12　はがき・手紙の書き方　◆　43

13　レポートの書き方　◆　49

14　履歴書・エントリーシートの常識　◆　55

付記　◆　59

解答・解説　◆　60

序章　コミュニケーション能力の重要性

世の中の不幸な出来事は、たいていコミュニケーション不足に原因があります。"書くこと"と"話すこと"は、コミュニケーションの主要な手段です。とすれば、"書く能力"と"話す能力"を磨かないと、不幸に出合う可能性が高くなります。"言語資本"という言葉があるように、言葉を操る能力は、あなたにとって大切な財産です。

問1 あなたは自分の「コミュニケーション能力」について、どう思っていますか？ また、コミュニケーションの取り方に問題があって、失敗してしまったり、損をしてしまったりしたことがありますか？
◎上記の設問について、下のスペースに自由に書いてください。
（得意？　不得意？　好き？　嫌い？　学校では？　家では？　成長した？　問題点は何？　……etc.）

!? 考えるヒント

- この20年くらいの間、日本の社会でもコミュニケーションの重要性が注目される機会が増えました。
  　大学の授業でも、従来行われてきた"知識の伝授"を中心に据えた授業が少しずつ減って、自分の考えをまとめたり、コミュニケーション能力を磨いたりする練習を取り入れた授業が増えています。

- どうしてコミュニケーション能力が重要視されるようになったのでしょうか？　考えてみましょう。

- 社会人に求められるコミュニケーション能力とはどのようなものだと思いますか？
  　たとえば、コミュニケーションのプロセスは、以下の1から5のサイクルの繰り返しだと考えることができるでしょう。

　　1、伝えたい物事を選択する。
　→2、相手が理解しやすい構成にする。
　→3、表現する。
　→4、相手の反応を見る／聞く。
　→5、相手の反応に対して自分の対応を決める。

　とすると、学生（いままで）と社会人（これから）に求められるコミュニケーション能力の違いは以下のように整理することができるかもしれません。

　　学生……自分中心。自分を主張する能力が求められる／求められてきた。
　　※つまり、上記の1→2→3が大事。
　　社会人…相手中心。相手の主張を理解する能力が求められる／求められるようになる。
　　※つまり、上記の4→5→1が大事。

　あなたのコミュニケーション能力は、"自分の意見をはっきり主張する"ことと、"相手の意見を十分に理解する"ことと、どちらの方がまさっていますか？

参 考

「コミュニケーション（communication）」を辞書（『広辞苑』）でひいてみると…、
①社会生活を営む人間の間に行われる知覚・感情・思考の伝達。言語・文学その他視覚・聴覚に訴える各種のものを媒介とする。「マス・ー」②㋐動物相互間での身振りや音声などによる心的内容の伝達。㋑細胞間の物質の伝達または移動。細胞間コミュニケーション。

序章　コミュニケーション能力の重要性

01　自己紹介

今日はクラスの仲間に向けて、自己紹介をしてみましょう。

問1　①自己紹介の目的は何でしょう？
　　　　②自己紹介で一番の目標として心がけるべきことは何でしょう？

問2　次の①から④の例はどこが悪いでしょう？　それぞれ指摘してください。

①「あっ、えっと、趣味は音楽鑑賞です。それから、バイトはコンビニでやってます。みんなと友達になりたいんで、どうぞよろしくお願いします。」

②「総合文化コース1年の上杉直子と申します。山海高校出身で、趣味は音楽鑑賞です。アルバイトはアパレルショップで販売員をしています。高校のときには吹奏楽部に所属していました。好きな教科は英語で、嫌いな教科は数学です。それから、好きな食べ物はアイスクリームとチョコレート、苦手な食べ物は、ピーマンです。よろしくお願いします。」

③「経営情報コース2年の加藤武雄といいます。山海商業高校出身です。趣味は音楽鑑賞、パンクです。他の音楽は……、Jポップやクラシックなんて、聞く気になれません。あんなの聞く奴はバカです。みんな、是非パンクを聞いて下さい。それから、将来は何でもいいんで自分の会社を作ろうと思って、経営情報コースで勉強しています。普通に就職なんて考えている人は、退屈でバカだと思います。みんな友達になってください。よろしく！」

④「応用化学コース1年の上田真由と申します。このクラスは、山海高校の出身の人が多いみたいですけど……、私はそんな良い高校じゃないです。趣味は、幼稚園の頃からやらされているピアノです。あっ、でも……、長年やってるのに、全然上手くなりません……。高校の時は英語が好きで、いちおう検定とかも受けたんですけど……、でも、2級しか持ってません。応用化学コースを選んだのは、高校に推薦枠があったからです。友達欲しいんですけど、引っこみ思案なところがあるので、声かけてください。でも、人見知りなんで、ごめんなさい。すみません。」

問3 一人3分を目標にして話すことにした場合、どういった点に気をつければよいでしょうか？

!? 考えるヒント

- 自分の自己紹介が、誰の自己紹介よりも聞き手の印象に残るようにするには、どのように工夫をすればよいでしょうか？
- テーマを絞って具体的に話すこと。エピソードなどを交えると効果的です。
- 話題を"羅列する"のではなく、一つの話題を"ふくらませる"ようにしてください。
- ただメモを読み上げるのではなく、聞き手を惹きつける魅力的なスピーチを目指しましょう。
- 発声と発音もしっかりと。そのためには姿勢を良くすることが大切です。
- "聞く姿勢"も大切です。良い聞き手は人の話をどんどん引き出します。
- 結びの言葉を、たとえば「友達欲しいんですけど、引っ込み思案なところがあるので、声をかけてください」にした場合と「引っ込み思案なところがありますが、頑張って声をかけますので友達になってください」とした場合との印象の違いについて考えてみましょう。

問4 実際に教室で自己紹介をしてみましょう。

①まず、話す内容をメモして下さい。それから話すことにしましょう。

※メモを作成する際、たとえば、「私は〜です」という単文を、思いつくままに20箇条書いてみる、という方法もあります。試してみてください。

②友達の自己紹介を聞いて、気付いたことをメモしておきましょう。

※話の内容だけでなく、話し方、声の大きさ、身振りや仕草、誰が良かったかなど、何でもメモしてみましょう。また、"上手な自己紹介"と"下手な自己紹介"の特徴についてまとめてください。

③自分が自己紹介をした感想も書いてください。

①話す内容

②気付いたこと

③自分が自己紹介をした感想

02 スピーチ

今日はクラスの仲間に向けて、スピーチをしてみましょう。

問1 次の①から③の例は、「楽しかったこと」というテーマで、スピーチをした例です。どこが悪いでしょう。また、それぞれどう直したら良いでしょうか？

①「あっ、えっと、応用化学コース1年の上田真由です。楽しかったことですかぁ……、うーん……、やっぱりィ、このあいだァ、ユニバーサルランドへ行ったこと……、かなァ。友達と行ったんですが、すごーく楽しかったです。久しぶりに行って……、いろいろなアトラクションに乗って……、えっとォ、ホーントに楽しくて、すごいいっぱい楽しんじゃいました。いろいろ遊んで、すんごいクタクタになりました。ホントに楽しかったです。」

②「経営情報コース2年の加藤武雄です。最近楽しかったこと……、そうっすね、先月だったんですが、貯金をためて、とうとうバイクを買いました。で、先週の日曜、はじめてツーリングに行きました。それから、その前の日にはバイト先でコンパがあって、あの……、オレ、じつは先週誕生日で20歳になったんで、バイト先の先輩たちがお祝いしてくれたんです。照れくさかったけど、それもけっこう嬉しかったですね。それから、ええと、その前の週の日曜は健太たちと野球の試合をやって、けっこう久しぶりだったんで、ヤバかったんですが、けっこうヒットも打てました。ええと、その前の日の土曜は……、やっぱりバイトだったんですが、いまのバイトけっこう気に入っていて、楽しくやってます。そう、バイトも楽しかったことの一つです。あと、去年 Part1 が公開されていた、映画のホワイト・パラダイス、去年観てすげえって思ったんですが、続編の Part2 がようやく公開されたので、さっそく火曜日授業が終わってから観にいきました。あとは……、う〜ん、そんなとこかな……。」

③「総合文化コース1年の上杉直子です。最近楽しかった日のことをお話しします。先週の土曜日に3人でグローバルスタジオへ遊びに行きました。3人というのは、平野美紗ちゃんと永島真理ちゃんという幼稚園から高校まで同級生だった友達と、2人は今、北都大学の学生で、美紗ちゃんが国際政策学部、真理ちゃんは情報技術学部に通っていて、2人ともとってもカワイイ子です。それで、当日は、山海駅の東口改札前で6時に待ち合わせをしました。私はそのために朝5時に起きました。ワクワクして自然に目が覚めました。朝ごはんを食べようとしたら、お母さんが起きてきて、どこへ行くのかと聞かれたので、グローバルスタジオだと答えました。朝ごはんは餡パンと牛乳でした。餡パンは、昨日の夜に近所のコンビニで買っておきました。160円でした。朝ごはんを食べながら窓から外を見ると、よく晴れそうな空模様で、雲一つありませんでした。私は、5時55分に集合場所に着きました。すると、もう美紗ちゃんは来ていました。その時ちょうど携帯にメールがきて、そのメールは真理ちゃんからで、5分遅れてしまうっていうことだったんですが、電車は6時8分発だったので、真理ちゃんが来たらすぐに電車に乗れるように3人分切符を買って真理ちゃんを待ちました。切符は片道、たしか……、そう750円でした。真理ちゃんの分は私が立て替えました。それで、待っている間に、改札の脇にある自動販売機で、私は150円のオレンジジュースを買って、そうしたら美紗ちゃんは缶コーヒーを買って……（後略）。」

!? 考えるヒント

- 具体的に話すことを意識してみましょう。
- 聞いている人の印象に残るように工夫をしてください。
- コミュニケーションスタイルの文化を考えるとき、"高文脈文化（high context culture）"と"低文脈文化（low context culture）"という区別があります。日本は、高文脈文化の社会だとされています。

　高文脈文化のコミュニケーションは、言葉で多くを説明しないことが特徴とされています。その場の"雰囲気"や"常識"が重要視される文化です。"言わぬが花"とか、"目は口ほどにものを言い"という諺は、皆さんも知っていますね。反対に、欧米など低文脈文化のコミュニケーションは、きちんと言葉で説明することが重要視されます。これが、日本人と欧米人のコミュニケーションスタイルの違いだと考えられています。これからは、私たちも必要に応じてこうしたコミュニケーションスタイルを使い分けたいものです。

問2 実際にテーマを決めてスピーチをしてみましょう。
①まず、話す内容をメモしてください。
②友達のスピーチを聞いて、気付いたことをメモしておきましょう。
※話の内容だけでなく、話し方、声の大きさ、身振りや仕草、誰が良かったかなど、何でもメモしてみましょう。また、"上手なスピーチ"と"下手なスピーチ"の特徴についてまとめて下さい。
③自分がスピーチをした感想も書いてください。

①話す内容

②気付いたこと

③自分がスピーチをした感想

03　敬語の基本

あなたは敬語の使い方に自信がありますか？

問1 つぎの敬語表現はすべて不適切です。それぞれ正しく書き直してください。

1　先生、明日は学校へ参られますか。

2　書類はあちらでいただいてください。

3　詳細につきましては、あちらのカウンターでうかがってください。

4　先生、どうかいたされましたか。

5　山本様でございますか。

6　司会の方がご紹介してくださいます。

7　先生、今日の朝刊、もうご覧になられましたか。

8　とんでもございません。

9　お土産をくれて、ありがとうございます。

問2 つぎの文中の（1）～（3）に適切な語を入れてください。

　日本語の敬語は（　1　）（　2　）（　3　）の3つに分類される。（　1　）は、その動作や状態などの主体である人物に対する敬意を表す。（　2　）は、その動作や状態などの主体以外の人物に敬意を表す。すなわち、主体以外の人物を相対的に高く待遇するため、敬語の使い手は、主体の動作や状態などに（　2　）を用いて主体の動作や状態をへりくだって述べる。（　3　）は、敬語の使い手のメッセージが直接届く相手（聞き手や読み手）に対してしか敬意を表すことができない言葉である。

（1）　　　　　　　　　（2）　　　　　　　　　（3）

問3 つぎの各文の傍線部を尊敬の言い方になおしてください。
1　先生は映画を見る。（　　　　　）　2　先生が鉛筆をくれる。（　　　　　）
3　先生は私に言う。（　　　　　）　4　先生も朝食を食べる。（　　　　　）
5　先生は背広を着る。（　　　　　）　6　先生は海外出張に行く。（　　　　　）

問4 つぎの動詞を尊敬の言い方になおしてください。
1　書く（　　　　　）　2　聞く（　　　　　）　3　もらう（　　　　　）
4　急ぐ（　　　　　）　5　疑う（　　　　　）　6　乗る（　　　　　）

問5 つぎの動詞を尊敬の言い方になおしてください。
1　出発する（　　　　　）　2　結婚する（　　　　　）
3　乗車する（　　　　　）　4　読書する（　　　　　）
5　激怒する（　　　　　）　6　誤解する（　　　　　）

問6 つぎの各文の傍線部を謙譲の言い方になおしてください。
1　先生に意見を言う。（　　　　　）　2　先生からのお手紙を見る。（　　　　　）
3　朝食を食べる。（　　　　　）　4　先生のご自宅へ行く。（　　　　　）
5　ご無沙汰をしている。（　　　　　）　6　一生懸命勉強する。（　　　　　）

問7 つぎの動詞を謙譲の言い方になおしてください。
1　知らせる（　　　　　）　2　連絡する（　　　　　）
3　慕う（　　　　　）　4　恨む（　　　　　）

問8 つぎの各文の傍線部を丁寧な言い方になおしてください。
1　富士山は日本一高い山だ。（　　　　　）
2　私は日本代表選手である。（　　　　　）
3　彼の家にはピアノがある。（　　　　　）
4　そのビールは、私が飲む。（　　　　　）
5　僕のケーキよりも君のケーキの方が大きい。（　　　　　）
6　今日のお料理、とてもおいしかった。（　　　　　）

問9 つぎの動詞を、Ａ尊敬の言い方、Ｂ謙譲の言い方に分類し、番号で答えてください。

1　いただく　　2　ご覧になる　　3　参る　　　4　召し上がる
5　存じます　　6　いらっしゃる　7　いたします　8　おっしゃる
9　お目に掛かる　10　なさる　　　11　差し上げる　12　下さる

Ａ　尊敬の言い方　（　　　　　　　　　　　　　　　）
Ｂ　謙譲の言い方　（　　　　　　　　　　　　　　　）

!? 考えるヒント①敬語を使うには

☆敬語の種類
尊敬語、謙譲語、丁寧語の３種類がある。
①尊敬語…聞き手（読み手）や話題の人物に対する敬意を表すために、その人の動作や持ち物・身内のことをうやまって述べる時に使う表現。例：「お帰りになる」。
②謙譲語…聞き手（読み手）や話題の人物に対する敬意を表すために、自分の動作や持ち物・身内のことをへりくだって述べる時に使う表現。例：「申し上げる」。
③丁寧語…聞き手（読み手）に直接敬意を表して、丁寧に言う時の言い方。です・ます調。例：「〜します」・「〜です」。

☆尊敬の表現にするには
【動　　詞】
①専用の言葉づかいにする。
　　例：「言う→おっしゃる」・「する→なさる」など。
②「お（ご）〜になる」・「お（ご）〜なさる」・「お〜下さる」・「〜でおいでになる」とする（接頭語＋補助動詞）。
　　例：「帰る→お帰りになる」・「休憩する→ご休憩なさる」など。
③「れる」・「られる」を使う（尊敬の助動詞を用いる）。
　　例：「書く→書かれる」・「乗る→乗られる」など。
　※「れる」・「られる」には、受け身・自発・可能の意味もあるので、①か②の形にできる場合は、なるべくそちらを用いた方が良い。
【名詞など】
④「お」・「ご」・「貴」・「御」・「先生」などを付ける（接頭語・接尾語）。
　　例：「身体→お身体」・「努力→ご努力」・「立派だ→ご立派だ」・「貴社」・「御行」・「米澤先生」など。

☆謙譲の表現にするには
【動　　詞】
①専用の言葉づかいにする。
　　例：「言う→申す」・「する→いたす」など。
②「お（ご）〜する」・「お（ご）〜いたす（いたします）」・「お（ご）〜申し上げる」・「お（ご）〜いただく」・「お（ご）〜ねがう」とする（接頭語＋補助動詞）。
　　例：「知らせる→お知らせする」・「知らせる→お知らせいたします」・「知らせる→お知らせ申し上げる」・「ご了解いただく」・「ご了解ねがう」など。
【名詞など】
③「お」・「拙」・「拝」・「愚」・「ども」などを付ける（接頭語・接尾語）。
　　例：「手紙→お手紙」・「拙宅（自分の家）」・「拝見」・「愚息（自分の息子）」・「わたくしたち→わたくしども」など。

☆丁寧な表現にするには
【動　　詞】
① 「〜です」・「〜ます」・「〜おります」・「〜（で）あります」「〜（で）ございます」とする（丁寧の意の助動詞・補助動詞などを用いる）。
　　例：「山田です」・「出席します」・「外出しております」・「本日の定食でございます」など。
【名詞など】
② 「お」・「ご」を付ける（接頭語）。→美化語ともいう。
　　例：「お水」・「お茶」・「お味噌汁」・「ご飯」・「お酒」など。
　　※外来語や事物など、あまりむやみに付けることはしない。
　　使用しない例：「おテレビ」・「おジュース」・「おタマネギ」など。

☆尊敬語・謙譲語（専用の言葉づかい）の例

普通の言い方	尊敬語	謙譲語
行く	いらっしゃる・おいでになる	参る（まいります）
来る	いらっしゃる・おいでになる	参る（まいります）
いる	いらっしゃる・おいでになる	おる（おります）
訪ねる	いらっしゃる・おいでになる	うかがう
言う・話す	おっしゃる・（お話しになる）	申し上げる・申す
聞く	（お聞きになる）	うかがう・拝聴する・承る
食べる・飲む	召し上がる・あがる	いただく
見る	御覧になる	拝見する
思う	思し召す	存じる（存ずる・存じます）
着る〈着物〉	お召しになる〈お召し物〉	
やる	（おやりになる）	差し上げる・あげる
くれる	くださる	
する	なさる	いたす
もらう	（おもらいになる）	頂戴する・頂く

─ 参　考 ─

近年では、従来の3分類にかわって、敬語の5分類が提唱されはじめている。（文化審議会「敬語の指針」、2007年2月）
① 尊敬語（相手側または第三者の行為・物事・状態などについて、その人物を立てて述べる）
　　おっしゃる、なさる、お使いになる、読まれる、ご出席、（立てるべき人物からの）ご説明
② 謙譲語1（自分側から相手側または第三者に向かう行為・物事などについて、その向かう先の人物を立てて述べる）
　　申し上げる、お目にかかる、お届けする、ご案内する、（立てるべき人物への）ご説明
③ 謙譲語2（丁重語ともいう。自分側の行為・物事などを、話や文章の相手に対して丁重に述べる）
　　参る、申す、いたす、おる、拙著、弊社
④ 丁寧語（話や文章の相手に対して丁寧に述べる）
　　です、ます、ございます
⑤ 美化語（物事を美化して述べる）
　　お酒、お料理

!? 考えるヒント②敬語の役割

☆敬語は単純に敬意を表すためだけに用いるものではありません。以下のような機能もあります。

①敬意を表す。
　必ずしも個人的な感情（尊敬しているか否か）で使うわけではない。"目上の人"に対して用いる。
　"目上"とは、社会的立場・年齢による上下関係、また商売で生じる人間関係など。社会的な礼儀。
　　例：（若い社員が年配の社長に）「社長、お昼は何を召し上がりますか。」
　　例：（年配の社長が若い顧客に）「お客様、いつも弊社の製品をご愛用いただきありがとうございます。」

②あらたまった気持ちを表す。
　個人的な会話に対して、公的な伝達やスピーチの際に用いる。
　会議・講演会・結婚式など。社会的な礼儀。
　　例：（友人の結婚式のスピーチで）「新郎の真彦さんは、大変真面目な方でいらっしゃいます。」

③へだてる気持ちを表す。
　初対面の人や丁寧に待遇する必要のある人。馴れ馴れしくすると無礼になる場合。
　心理的に距離がある場合。相手に対して、自分が必ずしも積極的に慣れ親しみたくない場合。
　　例：（パーティで初対面の人に）「初めまして、私、上杉と申します。」
　　例：（大嫌いな知人に知らぬ振りをして）「ええと……、以前、どこかでお目に掛かったかしら？」

④自分の品格を表す。
　相手に敬意を表すだけでなく、話し手の教養や品格を表す作用もある。
　ただし、「お～」・「ご～」や「れる」・「られる」を安易に使いすぎると、かえっておかしい。
　　例：（良い秘書が社長に）「社長、お昼を召し上がってから、軽く運動をなさいますか？」
　　例：（悪い秘書が社長に）「社長様、お昼をお召し上がられてから、お軽くお運動をやられますか？」

⑤親愛の気持ちを表す
　子供やペットなど、可愛らしいものに対する愛称や敬語は、優しさや親愛の気持ちの表れ。
　　例：（幼稚園の先生が児童に）「よい子の皆さん、おやつはドーナツですよ。さあ、召し上がれ。」
　　例：（料理教室の先生が受講者に）「ではつぎに、タマゴの殻をむいてあげましょう。」

⑥皮肉や軽蔑、からかいなどを表す。
　　例：(社員が無能な役員たちに)「お偉方のお考えはご立派すぎて、私たちには理解できませんねぇ。」
　　例：(一般大衆が役人の不正を皮肉って)「さすが、お役人様。お暇でお気楽なご身分だねぇ。」

※1 内と外との人間関係を区別しよう。(←使い方のコツ)
※2 使い慣れていない人は、まず「〜です」「〜ます」から使ってみよう。(←練習のコツ)
※3 敬語を使って人気者になろう！(←人間関係を上手くするコツ)

!? 考えるヒント③敬語の周辺

①美化語
　　例：「お大根」「お野菜」
②親愛語
　　例：「僕ちゃん、静かに待ってらっしゃい」
③軽卑語(けいひ)
　　例：「てめぇー、何をぬかす」
④尊大語
　　例：「オレ様が、お教えしてやるぞ」

※複雑な人間関係における立場の差異を、言葉によって明確にしようとする機能を"敬語"の本質とするならば、以上の③④も立派な"敬語"といえるでしょう。いわゆる"敬語"が「相手を高くして、自分を低くする」言葉づかいだとすると、③④は「相手を低くして、自分を高くする」言葉づかいです。
　(※ただし、学校の授業で、軽卑語や尊大語の練習をすることはまずありません。)

ミニ知識

自分の家族のことを人に話すときには
　「お父さん→父」・「お母さん→母」・「お兄ちゃん→兄」・「お姉ちゃん→姉」
　「おじいちゃん→祖父」・「おばあちゃん→祖母」
　「ひいおじいちゃん→曾祖父」・「ひいおばあちゃん→曾祖母」
　「おじさん→伯父（父母の兄）or叔父（父母の弟）・「おばさん→伯母or叔母」
　　※「小父さん」・「小母さん」は、よその年配の男性・女性を指す場合。

04 電話対応の基本

☆社会人として仕事をしていく上で、電話応対は重要なコミュニケーションスキルです。

問1 つぎの①から③の電話応対の不適切な点を指摘して下さい。

① A「はい、株式会社山海工業でございます。」
　B「あの……、営業部の原田部長をお願いしたいのですが。」
　A「失礼ですが……。」
　B「あっ、すみません。北都商事の佐竹と申します。」
　A「佐竹さまですね。あいにく、原田は本日出張のため出社しておりません。」
　B「……。」

② A「はい、株式会社北都商事でございます。」
　B「お世話になっております。山海大学教務部の前田と申します。」
　A「お世話になっております。」
　B「あの、インターンシップで学生の受け入れをお願いしております件につきましておうかがいしたいのですが。」
　A「はい、インターンの件ですね。人事部におつなぎします。」
　　　（人事部に内線がつながって）
　C「はい、人事部です。」
　B「お世話になっております。山海大学の前田と申しますが、インターンシップで学生の受け入れをお願いしております件につきまして……」
　C「ああ……、その件は、たしか総務部で統轄しているはずです。少々お待ち下さい。」
　　　（総務部に内線がつながって）
　D「はい、総務部です。」
　B「お世話になっております。山海大学の前田と申しますが、インターンシップで学生の受け入れをお願いして……」
　D「ああ……、ええと、たしかその件は人事部に担当の者がいるはずですが、人事部におつなぎしましょうか？」
　B「……？」

③A「はい、山海工業でございます。」
　B「北都商事の佐竹と申しますが、原田部長をお願いしたいのですが。」
　A「少々お待ち下さい……。原田は……、今日は朝から取引先とのMGで外出しておりまして、午後はそのまま別の取引先のクリパーにタチヨリで……、それでチョッキになります。」
　B「……？」

④A「はい、ホテル山海、フロントでございます。」
　B「すみません。昨日お電話で予約をお願いした前田です。来週の金曜の夜と土曜の夜の二泊の予定だったのですが、予定が変わってしまったので、金曜の夜はキャンセルさせてください。」
　A「わかりました。では、お気をつけて。」

問2 つぎの電話応対の不適切な部分を3箇所抜き出して、訂正してください。

A「はい、株式会社山海工業営業部でございます。」
B「北都商事の佐竹と申しますが、部長の原田さんをお願いしたいのですが。」
A「原田部長でございますね。ちょっと待っててください。」
　　　（少し待って）
A「原田は只今、会議中でございます。」
B「そうですか。あとどのくらいでお戻りになりますか。」
A「あと1時間程で戻っていらっしゃると存じます。」
B「分かりました。それでは後程、あらためてお電話を差し上げますので、よろしくお伝えください。」

1
→

2
→

3
→

!? 考えるヒント

　電話での応対には、対面での応対とは異なり、いろいろな情報をすべて音声だけで伝達し合わなければならないという制約があります。それだけに、電話応対に特有のマナーがあります。以下、ビジネスでの電話応対と就職活動をするときの電話対応を例に、注意すべき点を列挙します。

☆オフィスで電話を受けるときの注意点

- なるべく3回以内に受話器を取る。→オフィスでの電話応対のポイントは、「迅速」「丁寧」「正確」。ビジネスの現場では、長電話はなるべく避ける。
- 最初の挨拶は「はい、株式会社〇〇営業部でございます」などというのが一般的。→電話をかけた方は「△△社の××と申しますが、営業部の〇〇さんはいらっしゃいますでしょうか」などと申し出る。受けた方は「お世話になっております」などと挨拶して要求された社員に電話をつなぐ。オフィスでは、「もしもし」や「はい」だけで電話を受けることはしない。「お待たせいたしました。株式会社〇〇営業部でございます」などと受ける場合もある。
- 相手の話が始まったら、声を出してあいづちを打つ。→首を振っているだけではきちんと聞いていることが相手に伝わらない。
- 電話中は、必ずメモを取って大事なことは復唱する。→たんに内容を確認するだけでなく、相手に安心感を与えることができる。
- 受話器を置いたまま、相手を20秒以上待たせない。→誰かを呼び出したり、何かを参照したりする必要が生じた場合、それ以上待たせてしまうならば、事情を説明して待って頂けるかどうか確認する。
- 電話を切る場合は、かけた方が先に切るのがマナー。→先方が受話器を置く音を聞いてから切るようにする。
- 電話の「たらい回し」は絶対に避ける。→相手は非常に不快に感じる。
- 周囲の音が相手に聞こえないように気をつかう。→自分以外の誰かが電話応対をしているときにも、じゅうぶんに気をつける。騒々しいだけでなく、仕事の話なら機密事項が漏れてしまうかもしれない。雑談はもちろんダメ。
- 自分が受けた電話に関しては、切った後も責任を持つ。→注文や伝言、あるいはクレームの電話などを受けたときには、「私、△△部の〇〇と申します。ご注文ありがとうございました。」とか、「私、〇〇と申します。では××にお伝えいたします。」とか、「私、〇〇が承りました。担当の者にきちんと申し伝えます。本当に申し訳ございませんでした」などと名乗って電話を切り、きちんと事後処理をする必要がある。

☆ビジネスで電話をかけるときの注意点

- 電話番号を確認する。→会社などにかける場合は、代表番号にかけるのか直通電話（ダイヤルイン）にかけるのか確認しておく。
- 話す内容は前もってメモしておく。→電話中に参照することが予想される資料などは、手許に用意しておく。
- 最初の挨拶は、「△△社の××と申しますが、営業部の〇〇さんはいらっしゃいますでしょうか」などと申し出る。→先方が受話器を取って「はい、株式会社〇〇営業部でございます」などと応対してくれたら、上記のように申し出る。また、実際に電話をかけた際には、まずは相手の都合を尋ねる配慮が必要。「突然で恐れ入りますが、ただいまよろしいでしょうか」とか、「お忙しいこととは存じますが、お話させていただいてもよろしいでしょうか」など

と申し出る。相手の都合がよければ、「では、さっそく用件に入らせていただきますが」というようにすぐに本題に入る。ビジネスの現場では、長電話は避ける。
- 相手が不在の場合。→緊急の場合以外は後でこちらからかけ直す。
- 途中で誤って電話が切れてしまった場合。→かけた方からかけ直すのがマナー。

☆就職活動で会社に電話をかけるときの注意点
- 自分の用件、聞きたいことは、あらかじめメモしておく。→メモを見ながら電話をかけるのが基本。また、説明会や面接の日程を決めなければならない場合もあるので、学校のスケジュールなどは予めきちんと確認しておく必要がある。
- 電話は静かな場所からかける。→騒々しい場所からかけると、相手を不快な気持ちにさせるだけでなく、話を聞き逃す危険もある。
- お昼休みの時間は避ける。→担当者が外へ食事に出ている可能性が高い。また、在席していたとしても、食事を中断させてしまうかもしれないなど、先方に配慮が必要。
- 最初に電話口に出た人に自分の用件を簡単に伝え、担当者へつないでもらう。→会社のＨＰやパンフレット、名刺などに記載されている電話番号の最後に「(代)」や「代表」とあれば、それは代表電話の番号。「直通」や「ダイヤルイン」とあれば、それは直通電話の番号。代表電話にかける場合には、はじめから自分の用件を詳しく説明しようとしてあせる必要はない。「〇〇大学の××と申しますが、人事ご担当の方に新規採用についておうかがいしたいのですが。」や、「〇〇大学の××と申します。人事ご担当の△△さんをお願いします。」などと申し出るのが一般的。
- 人事の担当者に電話がつながったら自分の用件を述べる。→「お忙しいところ恐れ入ります。私は〇〇大学の××と申します。御社の新規採用についておうかがいしたいのですが……」などと切り出すのが一般的。
- 相手に聞いたことは、必ずメモをして、復唱する。→復唱することで、内容を確認する。相手の話をきちんと聞いていたというアピールにもなる。
- 相手の話をしっかり聞く。→あいづちは、「うん」ではなくて「はい」。
- 返答を求められた場合、曖昧な答えはしない。→慣れないうちは、緊張のあまり何でも「はい」と答えて失敗する人がいる。何事も経験。
- 早口にならない。→緊張していると早口になりがち。ちょうどよいスピードは、1分間に300字程度のペースだといわれている。自分の声を録音して聞いてみるのも効果的。
- 声の大きさに配慮する。→大きすぎても小さすぎてもよくない。受話器の位置に注意することも必要。
- 敬語を適切に使う。→普段から敬語に慣れておく。アルバイト先だけでなく、家や学校でも、日頃から使い慣れておくことが大切。
- 通話中に電話が切れてしまったら。→すぐにかけ直す。携帯電話で話していた場合には、電波の状態の良いところへ移動する。かけ直すときには「〇〇大学の××と申します。今、人事ご担当の方とお話をしていたのですが、手違いで途中で電話を切ってしまいましたので、あらためておかけ直ししたのですが……」などと言うのが一般的。話が大体終わっていても、きちんとかけ直し、挨拶をして電話を切るのが礼儀。
- 最後には「お忙しいところ、ありがとうございました」とお礼を言う。→仕事の一環とはいえ、時間と労力を割いて下さったことにお礼を言うのが礼儀。
- 自宅の留守番電話の応対の録音や自分の携帯電話の呼び出し音→会社から電話がかかってきたときでも恥ずかしくないように配慮する。ふざけたものは避ける。

05　面接の基本

問1　つぎの①から③は、面接で「あなたが学生時代に取り組んだことについて教えてください」という質問に対する答えです。それぞれ欠点を指摘してください。

①「カナダで半年間ホームステイをしました。むこうの大学の英語講座に通って、世界中のいろいろなところから来た人たちと友達になり、コミュニケーション能力に自信がつきました。留学して一番よくわかったことは、世界は広い、ということです。いい経験になりました。」

②「テニスサークルの活動です。あっ、でも部長とかをやっていたわけではありません。それに体育会でもないので……、たいしたことはありませんが……。でも、頑張って４年間続けることができました。」

③「アメリカン・フットボール部の活動です。小さい頃にテレビでＮＦＬの試合を見たときからいつかやってみたいと憧れていたのですが、中学や高校ではなかなか機会がなくて、アメリカン・フットボール部がある大学を選んで受験したくらいです。用具を揃えるのも結構お金がかかりましたが、初志貫徹で子どもの頃からの夢を実現しました。」

問2　つぎのやりとりは、山海信用金庫の面接です。学生の応答の①から⑧について、悪いところをそれぞれ指摘してください。（※「面」は面接担当者、「学」は受験者です。）

面「どうぞお座りください。」
学「失礼します。」
面「では、お名前をお願いします。」
学「山海大学国際総合政治環境学部４年の石川武と申します。よろしくお願いします。」
面「ご苦労様です。では、さっそくですが自己ＰＲをお願いします。」
①学「私には継続力があり、一度決めたことは最後までやりとおします。大学では、授業を頑張って受けることにし、とにかくきちんと出席するということを目標にしました。じっさいに、３年生までは授業をサボったことはありません。」
面「なるほど。では、大学生活で一生懸命に取り組んだことを教えてください。」
学「はい、学生時代は、各種の検定試験に取り組みました。とくに、簿記検定は、準１級を取得することができました。」
面「ほう、頑張りましたね。では、なぜ資格取得に興味を持ったのですか。」
②学「はい、授業でやっていたからです。」

面「そうですか。それは素晴らしいですね。それでは、弊社を志望された理由を教えてください。」

③学「山海市内に19店舗を展開、さらに店舗外ＡＴＭを15ヶ所に設置、従業員数も432名で、地元金融機関としては最大規模である点に、とても大きな魅力を感じました。」

　面「なるほど、よく調べていらっしゃいましたね。ところで、あなたは、"働く"ということの意味をどう考えていますか？」

④学「どう考えているか……、そう言われても……、だって働かなくちゃ、食べていけないじゃないですか。」

　面「たしかに、そうですね。では、差し支えなければ、他社への応募状況を教えてください。」

　学「はい。東京ＵＥＪ銀行と光井住友銀行にエントリーしています。」

　面「なるほど、あなたは金融業に興味があるのですね。」

⑤学「はい、そうです。是非とも金融機関にと親からの強い希望がありますので。」

　面「ところで、弊社は第一志望ですか？　正直に教えてください。」

⑥学「いえ、第三希望です。東京ＵＥＪ銀行か光井住友銀行が第一希望なのですが、人気があるのでちょっと無理かと。それから、じつは今、山海工業の最終面接を受けていて、小さな会社なんですが、製造業も面白そうだし、正直なところ、そこが第二希望ですね。」

　面「なるほど。いろいろ考えていらっしゃいますね。では、つぎはちょっと変わった質問をします。あなたを動物にたとえると何だと思いますか。理由も教えて下さい。」

⑦学「う〜ん、動物ですか……、難しいですね……、いやぁ……、参ったなぁ……、植物じゃだめですか……。ちょっと答えられません。すみません……。本当にすみません。」

　面「では、最後になりますが、あなたの仕事にかける意気込みを教えてください。」

⑧学「そうですね。将来は、たとえば東京ビックリサイトを借り切って、顧客感謝のイベントをやりたいです。信用金庫は、地域のお年寄りの顧客満足を考えなければ、これからの時代を乗り越えていけません。そのためにもイベントは重要です。演歌歌手を呼んだり、ゲートボール広場を作ったりすれば、お年寄りに楽しいイベントになり、結果として御庫の経営も安定します。ガツンとヤル意気込みだけは誰にも負けません。」

　面「そうですか。熱い意気込みを聞かせてくれてありがとう。本日はお疲れ様でした。」

　学「ありがとうございました。」

①

②

③

④

⑤

⑥

⑦

⑧

!? 考えるヒント ☆面接の進行と注意点☆

- 控え室にいるときから面接は始まっている。→静かに着席して待つこと。いくつもの会社を受けていると、友達や知り合いに会うこともよくある。しかし、嬉しくなって大声を出したり、安心してふざけたりしてはいけない。呼び出しがあったらすぐに面接に入れるよう準備して、すでに提出した履歴書・エントリーシートのコピーや会社の資料などを一人で静かに見直して待つ。服装が乱れていないかチェックしておくことも重要。

- 呼び出されたら、きちんと返事をする。→順番がくると、「ではつぎ、〇〇さん」などと呼ばれる。「はい！」と自分の持っている一番良い声で返事をする。モジモジしては印象が悪い。

- ノックは確実に。→ドアの前に立ったら、軽く、しかし確実にノックをする。「どうぞ」という声が中から聞こえたらドアを開けて入室し、面接担当者の方へ向いて一礼し、「失礼します」と言って会釈をする。動作はなめらかに、慌てずに、一つ一つ確実に行う。たとえば、まだドアもきちんと閉めていないのに、ドアノブに手をかけながら、半身だけ面接官の方を向いてひょいっと頭を下げるような動作は、粗忽(そこつ)で印象が良くない。

- 入室したらきちんと挨拶をする。→面接室に入ったら用意してある椅子の脇に立つ。そして、「〇〇大学△△学部から参りました××××と申します。よろしくお願いいたします」と、ハッキリと挨拶をしてお辞儀をする。名乗るときには「××××といいます」や「××××です」ではなく、「××××と申します」と丁寧に言うこと。また、「どうぞ」と勧められるまで、勝手に椅子に座ってはいけない。「どうぞ」と言われたら「失礼します」と言って着席する。着席するときには、椅子にしっかり座って背筋がきちんと伸びるように座る。自分の座る姿勢は、あらかじめ自宅の鏡などで確認しておくこと。

- 面接中は、面接担当者の方を向いてしっかりと受け答えする。→スムーズな反応を心がけるように。ただし、慌てる必要はない。当たり前のことだが、面接する側は、あなたが提出した履歴書・エントリーシートを見て質問をしてくる。何を聞かれていて、何を話すべきなのか、落ち着いてしっかり頭を働かせなければならない。誰でもが話せる抽象的な内容ではなく、自分の経験にもとづいた具体的な話をするように。そのためには、履歴書・エントリーシートに記入する段階から、いろいろな質問を想定し、頭の中でシミュレートしておくことが必要。

- 面接で重要な質問を中心に、応答の内容はあらかじめ考えておく。→面接で聞かれることはたいていつぎの4つ。

    1　自己ＰＲ（あなたはどういう人間か？→現在のあなた）
    2　志望理由（この会社でどのように働きたいと思っているのか？→未来のあなた）
    3　大学生活（どのような活動に取り組み、何を学んできたのか？→過去のあなた）
    4　その他、興味のあること（上記だけでは語りきれなかったあなたの人間性）

　このうちでも、とくに1と2を質問されて返答に詰まってしまうようでは、準備不足で就職活動失格。なお、実際の面接では、入室直後にいきなり上記のような質問をされることは少なく、最初は試験場までの所用時間や筆記試験の出来具合など、受験者を少しリラックスさせるための質問をされることが多い。いずれにしても、何を聞かれていて、何を話すべきなのか、落ち着いて受け答えすること。的はずれな応答は最悪な印象を残す。

- 退出の際にもきちんと挨拶すること。→「終わりです」「ご苦労様でした」などと言われたら、席を立ち、「ありがとうございました」と言ってお辞儀をする。そしてドアの方へ向かって移動し、ドアの前で振り返って「失礼します」と言って会釈をする。そして、ドアの方を向き、ドアを丁寧に開けて面接室の外へ出る。外へ出たら丁寧にドアを閉め、控え室へ移動。この時に、終わった安心感から奇声を発したり、走ったりしないこと。

06　良い文章とは

☆あなたは、"良い文章"とは、どのような文章だと思いますか？

問1　"良い文章"の条件を、箇条書きで自由に書いてください。

☆"良い文章"を書くためには、どのようなことに気をつけたら良いでしょうか。

問2　自分の文章の"長所"は何だと思いますか？

問3 自分の文章の"欠点"は何だと思いますか？

良い文章とは

学習の手引き

- "良い"という言葉はとても抽象的です。
- 文章とは、そもそも他人に読んでもらうことが前提です。
- そこで、他者の"記憶に残る文章"を良い文章だと考えてみましょう。
- たとえば、エントリーシートの作文の場合、同じテーマで書いた100枚の1枚に選ばれたいと思うでしょう。
- では、その"記憶に残る文章"を書くためにはどうしたらよいのでしょうか。

07 記憶に残る文章

☆記憶に残る文章を書くためのポイントについて考えてみましょう。

問1 「マナーについて」というテーマで書かれた文（A・B）を読み、次の①と②に答えてください。

（A）　マナーとは、人間が一人で生きていけない以上、日々の生活を気持ちよく過ごすため、他者と相互に守らなければならない"約束事"である。一部の例外はあるが、法律で厳しく規制されているといった性質のものではない。むしろ、誰が決めたものとも分からず、なんとなくそうなっているものが多いのがマナーである。

　そもそも、人間は自分が迷惑をかけることには無頓着だが、他人から迷惑をかけられると非常にストレスを感じるものである。とすれば、相手の立場になって考えて、他人に迷惑をかけないように行動することは生きる上で大事なことだ。

　その大事なことを教えてくれるのがマナーだ。私たちは、もっとマナーに気を遣って、立派な社会人にならなければいけないと考える。

（B）　私はマナーで縛られるのが嫌いだ。私の親は、子供の私に「人に迷惑をかけるな。マナーを守れ」としばしば説教した。また、小学校の時の担任の先生も、何かにつけて「マナー違反だ」と生徒を怒鳴ることがあった。そこで私はマナーがすっかり嫌いになった。

　私は、高校への通学に電車を利用していたが、マナーを意識したことは無かった。というより、意識的にマナー違反ばかりしていた。イヤホンで音楽を聞き、携帯で平気で電話をかけた。私は、服装も地味で、何か悪さをするような生徒ではなかったが、マナーに対しては反発を感じ、マナーを守らないのが格好いいと思っていた。

　ある日、いつものようにイヤホンで音楽を聞いて電車に乗っていた。私の前には、金髪で耳と鼻にいくつもピアスをした、いかにも性格の悪そうな高校生が一人、椅子に座っていた。ところが、ある駅で、杖をついたお婆さんが乗ってくると、その高校生が急にニッコリと笑ってそのお婆さんに話しかけ、席を譲ったのだった。

　私は、突然自分を恥ずかしく感じた。マナーを無視していたことも、その高校生を心中ひそかにバカにしていたことも、どちらも恥ずかしく感じた。その日をきっかけに、私は少しマナーを大切にするようになった。

①あなたはどちらの方が良い（記憶に残る）と思いましたか？　（　A　・　B　）
②その理由を簡単に説明してください。

問2 「禁煙」というテーマで書かれた二つの文（C・D）を読み、次の①と②に答えてください。

（C）　私は煙草を吸わない。だから、私は禁煙に賛成だ。
（D）　煙草が健康に有害であることは、種々のデータから明らかだ。だから、私は禁煙に賛成だ。

①あなたはどちらの方が良いと思いましたか？　（　C　・　D　）
②その理由を簡単に説明してください。

問3 「優先席」というテーマで書かれた二つの文（E・F）を読み、次の①と②に答えてください。

（E）　優先席は必要ない。なぜなら、優先席の存在が逆に普通の座席を譲り合う行動を阻害しているからだ。
（F）　優先席は必要だ。なぜなら、老人や怪我人、妊婦などには優先席が必要だからだ。

①あなたはどちらの方が良いと思いましたか？　（　E　・　F　）
②その理由を簡単に説明してください。

問4 「私の趣味」というテーマで書かれた二つの文（G・H）を読み、次の①と②に答えてください。

（G）　私はスポーツが趣味だ。サッカーとバスケットボールをやっているが、硬式テニスと野球も大好きだ。私が好きなのはスポーツだけではない。音楽鑑賞も好きで、とくにロックとジャズが好きだ。音楽とスポーツには、リズム感を養うことの役に立つという共通項がある。さらに、私は映画鑑賞と読書も大好きだ。趣味は人間の教養にとって大切なもので、人間の幅を広げてくれる大切なものだと思う。
（H）　私は中学時代から部活でサッカーをやっていた。今でも仲間たちとチームを作り、日曜日にはグラウンドを借りて社会人チームと対抗戦をやっている。社会人チームには、ＩＴ企業のエリートサラリーマンから倒産寸前のラーメン屋の親父まで、いろいろな人がいる。そうした人たちと、サッカーを通じて親しく付き合うようになり、日々いろいろな刺激を受けている。サッカーは私にとって単なる趣味以上の大切なものだ。

①あなたはどちらの方が良いと思いましたか？　（　G　・　H　）
②その理由を簡単に説明してください。

08 ストレスのない文

☆ストレスのない文とは？　→　一読して理解できる文。読み手の立場から考えること！

★良い文（読みやすい文）の基本

問1 以下の①〜⑩の各文の欠点を、それぞれ指摘してください。（①〜⑤・⑨・⑪〜⑬は、適宜書き直してください。）

①やっぱ、友人はチョー大切。だって、困ったとき、いろ×2教えてくれるし。

②昨日私は先生に怒られました。なぜなら授業中に居眠りしていたからだ。

③私の好きな食べ物は、アイスクリームとチョコレートが好きだ。

④私は頭痛が痛い。

⑤私は毎土曜日ごとに俳優のオーディションを受けています。

⑥私は、この春、晴れて希望の大学に合格することができ、今はアルバイトとサークル活動で忙しくしているが、ときどきは高校時代の友達とも遊びに行くことがあり、池袋や新宿のような雑踏で待ち合わせをするときには、やはり携帯電話は便利であると思うが、最近その携帯電話のマナーが、とくに電車やバスの中での使用についてだが、問題にされることが多い。

⑦この3年間の長くて苦しく辛い浪人生活にようやく終止符を打ち、晴れて大学生になってアルバイトやサークル活動に忙しい生活を送る中、ある日アルバイト先で素敵な女性に出会った私は、恋に落ちた。

⑧私は、この3年間の長くて苦しく辛い浪人生活にようやく終止符を打ち、晴れて大学生になってアルバイトやサークル活動に忙しい生活を送っていたのだが、ある日アルバイト先で素敵な女性に出会って恋に落ちた。

⑨やっと、4月から6月までの予定で始めたプロジェクトが、9月の終わりになって終わった。

⑩とても綺麗で、とても美しく、とても素晴らしい花。

⑪佐知子と耕太の子が遊んでいました。

⑫休みの日には友達とドライブに出掛けたり、ファミレスで食事をします。

⑬落第するかと心配していた数学の試験だったが、結果は全然良かった。

★句読点の基本
問2 つぎの（A）・（B）の文に共通する欠点を指摘してください。
（A）　私は勉強をしながらテレビを見ている妹に話しかけた。
（B）　刑事は血まみれになって逃げる泥棒を追いかけた。

問3 以下の①〜⑨それぞれの文の適当な箇所に読点を打ってください。

①私は大学生です。

②悩み多き3年間の高校生活にようやく終止符を打った私は大学生になった。

③私は昼間は働きながら夜は学校に通う大学生です。

④3年間の充実した高校生活の末に私は大学生になった。

⑤青春時代のこの3年間は苦しみ悩み迷い惑うつらい毎日だった。

⑥しかし私は大学生になった。

⑦3年間も悩み続けていれば自分の可能性を疑いたくなるときもある。

⑧この3年間というもの毎週私は模擬試験を受け続けた。

⑨まあ学生さんお若いのにずいぶんご苦労をなさったのね。

※"読み手に余計なストレスを与えない"ことが大事！

09 文章作成の手順1 〜テーマを絞る〜

☆文章を書くとき、あなたは、いきなり原稿用紙（あるいはレポート用紙など）に書き始めますか？

問1 いきなり書き始める人は「Yes」、そうでない人は「No」に丸をつけてください。
（ Yes ・ No ）
→Noの人はどういう手順で書いていくか、簡単に書いてください。

☆素材を集めるには？

問2 一般的によく用いられる、書くことを決めるための方法を挙げてください。

☆では、実際に書いてみましょう。

問3 文章を作成するためのメモを20項目書いてください。
◎たとえば、「私の学校」というテーマで文章を書くために、学校を説明するためのメモを20項目書いてみましょう。
※自分の学校に関するキーワードや、「私の学校は〜です」などといった短文を考えてください。

① ②
③ ④
⑤ ⑥
⑦ ⑧
⑨ ⑩
⑪ ⑫
⑬ ⑭

⑮ ＿＿＿＿＿＿＿＿＿＿＿＿＿＿＿＿　　　⑯ ＿＿＿＿＿＿＿＿＿＿＿＿＿＿＿＿

⑰ ＿＿＿＿＿＿＿＿＿＿＿＿＿＿＿＿　　　⑱ ＿＿＿＿＿＿＿＿＿＿＿＿＿＿＿＿

⑲ ＿＿＿＿＿＿＿＿＿＿＿＿＿＿＿＿　　　⑳ ＿＿＿＿＿＿＿＿＿＿＿＿＿＿＿＿

☆主張をハッキリさせるには？

・その文章の一番大事な文／部分を先に考える。
・20項目（あるいはそれ以上）のメモを見ながら、一番書きたいことを決めます。
　決まったら、それを短い文にまとめてみます。
　→自分の主張（言いたいこと）をまとめた短文を、主題文と呼びます。

問4　「私の学校」というテーマで作成した20項目のメモをもとに主題文を書いてください。
（主題文の例）　私の通っている学校は、街の中にあるため、アクセスが大変よい。
　　　　　　　私の学校では、クラスの全員が友達になれるように、いくつかの工夫をしている。
　　　　　　　私の学校には、犬と話ができるという不思議な能力を持った子がいる。

学習の手引き

・文章を作成する際には、テーマを決め、題材をあつめ、その上で主題文を書いてみます。
・そして、主題文を意識しながら文章を書き進めていきます。
・文章を書いていくうちに、主題文そのものを書き換えたくなる場合もあります。
・その場合は、もちろん主題文を書き直しても良いのです。
・それが文章を書く"練習"です。
・授業中の作文は、他人（教員、あるいは履修者の皆さんでお互いに）に読まれることが前提です。そのつもりで取り組んでください。

10　文章作成の手順2〜実際に書いてみよう〜

☆作文の基本
・題名をつけて、句読点を打ち、構成（段落分け）を考え、普通は常体で書きます。
・テーマが与えられた場合でも、そのテーマは抽象的で漠然としたものであることがほとんどです。与えられたテーマとは別に、タイトルは自分で考えてつけることが一般的です。
（※「私の学校」というテーマなら、タイトルは「夕闇の校舎」とか「食堂の餡パン」などとします。）
・構成（段落分け）を考えるときには、全体を見渡せるような表（構成表）を書き、それを意識しながら書いていく方法が一般的です。
・しかし、構成（段落分け）を決めてから書き出しても、書いていくうちに最初に考えた構成を変更したくなる場合が、当然出てきます。その場合は、よく考えて変更してください。それが文章を書く"練習"です。最初に考えた構成にこだわり続ける必要はありません。何度も考え直してください。
・大切なことは、ひとつひとつの段落が、文章全体の中で、どのような要素（役割）になるのか、"意識しながら書く／書きながら意識する"ことです。

問1 40ページの「構成表」にならって、あなたの作文の「構成表」を作成してください。

段落メモ	（題）
1　はじめ	
2	
3	
4	

問2 構成がまとまったら、実際に書いてください。

!? 考えるヒント１ ☆テーマを絞る☆

☆マップ法の例（「良い文章とは？」というテーマで作成した場合。）

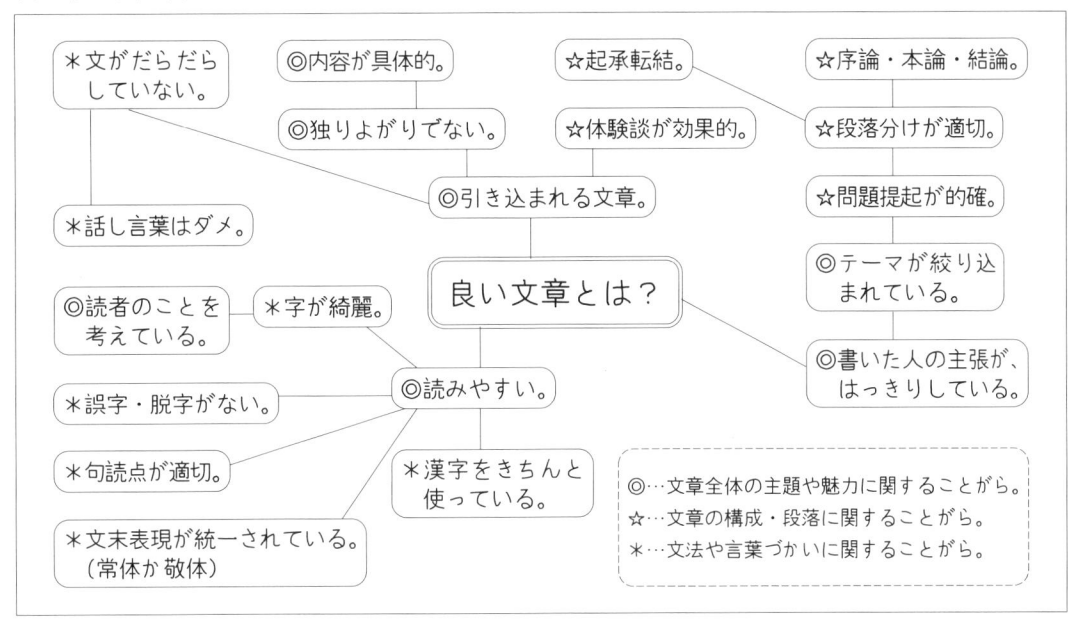

- ＊文がだらだらしていない。
- ◎内容が具体的。
- ☆起承転結。
- ☆序論・本論・結論。
- ◎独りよがりでない。
- ☆体験談が効果的。
- ☆段落分けが適切。
- ＊話し言葉はダメ。
- ◎引き込まれる文章。
- ☆問題提起が的確。
- ◎読者のことを考えている。
- ＊字が綺麗。
- 良い文章とは？
- ◎テーマが絞り込まれている。
- ＊誤字・脱字がない。
- ◎読みやすい。
- ◎書いた人の主張が、はっきりしている。
- ＊句読点が適切。
- ＊漢字をきちんと使っている。
- ＊文末表現が統一されている。（常体か敬体）

◎…文章全体の主題や魅力に関することがら。
☆…文章の構成・段落に関することがら。
＊…文法や言葉づかいに関することがら。

☆構成を考えるために
（１）二段型
　（Ａ）頭括式…演繹法（とうかつ・えんえき）
　（Ｂ）尾括式…帰納法（びかつ・きのう）
（２）三段型
　（Ｃ）双括式…序論・本論・結論（導入・展開・結末or序・破・急）（そうかつ）
（３）四段型
　　　起・承・転・結

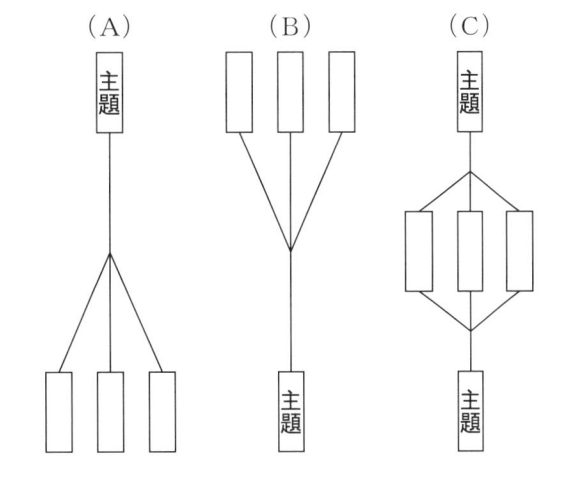

※構成を考える場合、"段落"をひとつの単位として扱います。段落ごとに内容を整理して考えることが、文章全体の構成を考えるポイントです。たとえば、上の図でいえば、（Ａ）と（Ｂ）は４段落構成、（Ｃ）は５段落構成というように考えます。なお、（２）の三段型で考えることが、比較的には一般的です。

(A) 主題 → 三つの段落
(B) 三つの段落 → 主題
(C) 主題 → 三つの段落 → 主題

☆構成を考えて、実際に書いてみよう。
〔例〕「私の好きなこと」というテーマで、メモを作成し、主題文を書き、６段落構成で作文を書く場合。

（メモ）
①テニス　②中学の部活　③ベスト８　④技術　⑤夏休みのランニング　⑥先輩の一喝
⑦苦手意識　⑧足が遅い　⑨バカにされた　⑩やめたかった　⑪悔しかった　⑫球拾い
⑬元来は運動嫌い　⑭居残り練習　⑮自信　⑯成果を出した　⑰教訓　⑱朝練
⑲高校の部活　⑳インターハイ

!? 考えるヒント2 ☆実際に書いてみよう☆

《主題文》
　テニス部の経験によって困難に直面しても行動する勇気が持てるようになったので、私は今でもテニスが大好きだ。

《構成表》

段落	何を書くか	メモ
(題)	(題をつける)	テニスで鍛えられた私
1 はじめ	(これから書くことの紹介)	私は運動が苦手だった。友達に誘われてテニス部に入った。
2	(具体例1)	一番弱い部員でバカにされていた。やめることを考えた。
3	(具体例2)	喝を入れられ、一念発起して、夏休みに自主トレをした。
4	(具体例3)	結果が出た。バカにされなくなった。嬉しかった。
5	(具体例のまとめ)	困難に直面しても行動する勇気が持てるようになった。
6 むすび	(自分の意見)	心身ともに私を鍛えてくれたテニスが大好きだ。

《作文》

　　　　テニスで鍛えられた私
　小さい頃、私は運動が苦手で嫌いだった。そして、親や学校の先生からは「おまえは子供なのに元気がない」とよく注意されるような、ちょっと暗い性格の子供だった。そんな私が、中学に入学したとき、仲の良い友達に誘われ、何となくテニス部に入ってしまった。
　はじめのうちは、一番できの悪い部員だった。体力がなく、足も遅かったため、ボールの動きに満足に付いていくことができず、仲間たちからもバカにされて、部活を辞めることばかり考えていた。
　転機が訪れたのは、2年生の夏休みだった。ある日の練習で、だらしなくランニングをしていたら、普段は優しくしてくれていた3年生の先輩から「怠け者！」と罵られた。ショックと悔しさのあまり、一念発起して、毎朝ランニングをすることにした。最初のうちはとてもつらかったが、夏休みが終わるころになると体力がついてきたのか、それほどつらく感じなくなった。
　体力がついてくると、自分でもおどろく程にテニスの技術も上達した。朝練、居残り練にも休まず参加した。すると、その甲斐あって、秋の県大会のトーナメント戦では、ベスト8に残ることができた。罵った先輩からも「見直したよ」と言われ、仲間からも一目置かれるようになった。そのことが嬉しく、部活を続ける自信もついた。すると、「覇気がない」とか「暗い」などと言われることもなくなり、むしろ明るい性格になったのである。
　はじめのうち、私は部活から逃げることばかり考えていた。しかし、困難から逃げることばかりを考えていても、何も解決はしないのだと、当時、私は強く反省した。そこで、以後は何事にも前向きに取り組もうと心がけるようになった。もちろん、テニスはその後も続け、高校の時にはインターハイ出場を果たしたことが大きな思い出になっている。現在の私の精神的な基盤を作ったのは、テニスの経験である。その経験によって、私は、困難な問題に直面したときにも、実際に行動してみる勇気を持つことができるようになったのである。
　このように、心身ともに私を鍛えてくれたテニスが、私は今でも大好きだ。

11　メールの基本

☆社会人として活動するためには、メールにも、友達同士の場合とは異なる配慮が必要です。

問1 次の例は、学生が、履歴書に載せる自己ＰＲの添削を、先生にメールで依頼したものです。どこが悪いでしょう。また、それぞれどう直したら良いでしょうか。（※自己ＰＲの内容は問題にしなくて結構です。）

①
　できました！
私にはチャレンジ精神があります。例えば、最近、簿記検定の三級に挑戦しました。ほぼ独学で苦難しましたが、挑戦するからには必ず取得したいという強い意志を持って取り組みました。その結果、高得点で資格を取得することができ、一歩踏み出して挑戦することの大切さを感じました。これからも、常に向上心を持って様々なことに挑戦していきたいと考えています。

②
　高橋先生　経営情報コース4年の石川武です。今度、企業に提出する履歴書に乗せる自己PRを考えてみました。お忙しいところ申し訳ございませんが、添削を宜しくお願い申し上げます。私にはチャレンジ精神があります。例えば、最近、簿記検定の三級に挑戦しました。ほぼ独学で苦難しましたが、挑戦するからには必ず取得したいという強い意志を持って取り組みました。その結果、高得点で資格を取得することができ、一歩踏み出して挑戦することの大切さを感じました。これからも、常に向上心を持って様々なことに挑戦していきたいと考えています。では、お忙しいところすみません。

③
　私にはチャレンジ精神があります。例えば、最近、簿記検定の三級に挑戦しました。ほぼ独学で苦難しましたが、挑戦するからには必ず取得したいという強い意志を持って取り組みました。その結果、高得点で資格を取得することができ、一歩踏み出して挑戦することの大切さを感じました。これからも、常に向上心を持って様々なことに挑戦していきたいと考えています。
　高橋先生
経営情報コース4年の石川武です。今度、企業に提出する履歴書に乗せる自己PRを考えてみました。お忙しいところ申し訳ございませんが、添削を宜しくお願い申し上げます。

問2 次の例は、学生が、就職活動でOB訪問をするため、ゼミの先生に紹介してもらった先輩に、はじめてメールで連絡をしたものです。どこが悪いか指摘してください。

北都商事株式会社
　　総務部　佐竹貞夫様

こんにちは！　はじめまして！　突然のメールで失礼いたします m(＿＿)m。
山海大学国際総合政治環境学部経営情報コース4年の石川武と申します（*^-^*）。
このたびは、OB訪問をお許しいただき有難うございました ＼(=^o^=)/＼。
あらためて感謝申し上げます m(＿＿)m。
自分で言うのも何ですが、渡辺ゼミでは一番ヤル気と元気があります！
渡辺先生にも「お前は成績が良くないが、元気がいいことだけは取り得だ」と言われています（笑）。
私は、御社が第一希望です。そこで、是非いろいろなお話をお聞かせ下さい m(＿＿)m。
社長の悪口でもOKですよ（爆）。
お手数をお掛けしてしまい恐縮ですが、来週の月曜日か火曜日で、御都合の宜しいお時間をお知らせ下さい。私は両日とも何時でも都合がつけられます ＼(≧v≦●)/＼。
では、どうぞ宜しくお願い申し上げます！！

!? 考えるヒント

・メールの文章は、手紙文のように決まった形に当てはめて書く必要はありません。手紙文よりも、少し打ち解けた文章で書くことが一般的です。
・ただし、あまり砕けすぎてしまうと、相手に誤解を与えたり、相手を不愉快な気持ちにさせたりしてしまいます。
・また、メールはパソコンや携帯の画面で読むものですから、読みやすさに配慮することも大切です。

12　はがき・手紙の書き方

☆社会人として活躍していくためには、はがき・手紙を適切に使いこなす必要があります。

問1 下図は、往復はがきの返信部分です。右が表、左が裏です。①から③の内容を記入してください。

①欠席　　②差出人の住所氏名（「〒111-1111　山海市田畑町一丁目一番地　上杉直子」）
③欠席の挨拶

問2 つぎの文は、はがきの書き方の説明です。①から⑥に入る語を、後のア～カから選び、記号で答えてください。

　手紙（封書）を"正式"とすると、はがきは（　①　）です。（　②　）は省略されたり、簡単にすませたりすることが多く、（　③　）は封書に比べて自由です。これがはがきの基本的な性格です。したがって、いくら綺麗だからといって正式なお礼状を絵はがきで差し上げることは、相手に対して失礼になってしまいます。

　また、手紙（封書）に比べて用件を書くスペースが限定されていること、書いてあることが（　④　）以外の人の目に触れることなどの点にも配慮が必要です。すなわち、簡単な用件や、急ぎの用件、また親しい人や身近な人に宛てる場合などに限って用い、（　⑤　）に見られて困る内容は書かないようにします。なお、必要な場合は表の（　⑥　）まで通信に使うことができます。

ア　挨拶	イ　略式	ウ　形式	エ　他人	オ　下半分	カ　受取人

①（　　　　　）　②（　　　　　）　③（　　　　　）
④（　　　　　）　⑤（　　　　　）　⑥（　　　　　）

問3 つぎの手紙文の傍線部①から④の不適切な表現について、それぞれ訂正してください。

> 拝啓　秋冷の候①　先生におかれましてはお元気でいらっしゃいますでしょうか。お陰様にて、内定先企業の研修に泊まりがけで出掛けるなど②、私も、相変わらず元気にしております。
>
> さて、就職活動に際しまして、先生には本当にお世話になりました。ありがとうございました。先生に御指導を頂かなければ、今の会社から内定を勝ち得ることはできなかったと思います。本当に感謝申し上げます。希望通りの業界に就職できたことは、人生で最も大きな喜びです。
>
> 大学生活も残り少なくなってしまいましたが、ゼミ活動もサークル活動も、悔いのないように頑張りたいと存じます。卒論などでは、まだまだお世話になることと存じますが、これからもどうぞよろしくお願い申し上げます。
>
> 季節柄、どうかご自愛下さいますよう、お願い申し上げます。
>
> 　　　　　　　　　　　　　　　　　　　　　草々③
>
> 　　　　　　　　　　　　　　　　　　　　石川　武
>
> 九月二十八日
>
> 高橋　健一郎　様④

① _____
② _____
③ _____
④ _____

問4 つぎの①から⑧の時候の挨拶は、それぞれ何月のものでしょうか、答えてください。

① 余寒の候→（　　　月）　　② 盛夏の候→（　　　月）
③ 晩秋の候→（　　　月）　　④ 陽春の候→（　　　月）
⑤ 厳寒の候→（　　　月）　　⑥ 残暑の候→（　　　月）
⑦ 若葉の色も鮮やかな頃→（　　　月）
⑧ 木枯らしの身にしむ頃→（　　　月）

学習の手引き

☆手紙の書き方

◎前文＝始めの挨拶。

①頭語（書き出しの言葉）と結語（結びの言葉）…場合によって用いる語が決まっており、それぞれ結語との組み合わせも決まっている。

　　拝啓──→敬具・敬白（一般の場合）
　　謹啓──→頓首・謹言（あらたまった場合）
　　拝復──→敬具（返信の場合）
　　再呈・再啓──→敬具（再び出す場合）
　　急白・急啓──→草々（急ぎの場合）
　　前略・冠省──→草々・不一（略式の場合。目上の人には用いないほうがよい。）
　　前略ごめんください──→かしこ（女性用）

②時候の挨拶

　　一月　　厳寒（寒月・寒冷）の候・寒さ厳しき折から
　　二月　　春寒（余寒・立春）の候・春とは名ばかりの寒さの折から
　　三月　　早春（春暖・春色）の候・水ぬるむ頃・ようやく春めいてまいりました
　　四月　　陽春（春暖・花ぐもり）の候・春光うららかな季節となりました
　　五月　　新緑（薫風・惜春）の候・若葉の色も鮮やかな頃
　　六月　　梅雨（入梅・麦秋）の候・毎日うっとうしい天気が続きます
　　七月　　盛夏（炎暑・酷暑）の候・暑さ厳しき折から
　　八月　　残暑（立秋・晩夏）の候・残暑厳しき折から
　　九月　　初秋（新秋・秋色）の候・秋立つ頃・さわやかな秋を迎えました
　　十月　　秋冷（仲秋・秋雨）の候・紅葉の色も鮮やかな頃
　　十一月　晩秋（夜寒・向寒）の候・木々の葉も落ちる頃
　　十二月　初冬（師走・冬至）の候・木枯らしの身にしむ頃・年の瀬を迎え

③安否の挨拶…まず相手の安否を尋ね、次に自分の様子を述べる。
　　・「お元気ですか？」などと問い掛けることは、暗に返事を要求しているような言葉づかいだとされ、あらたまった場合や目上の人に対しては避けることが一般的。

◎主文＝伝えたい事柄や用件を述べる。

④起辞…用件に入るときの書き出し。「さて」が一般的。
　　・主文の内容についての注意点。
　　　ⅰ．伝えたい内容が正確に相手に伝わるように気をつける。
　　　ⅱ．敬語の用法に注意する。
　　　ⅲ．主文が長くなった場合は、伝えたい内容を最後にまとめて示す。

◎末文＝結びの部分。

⑤結びの挨拶…相手の健康・繁栄を祈ったり、伝言（「〇〇様へもよろしくお伝えください」など）を依頼したりする。

⑥後付け…日付・署名・あて名など。

⑦わき付け…あらたまった場合に書き添える。書かなくても失礼にはならない。

⑧副文…追加の文（追伸・二伸）。

《手紙文実例》（※丸数字は前頁「☆手紙の書き方」の丸数字に対応しています。）

①拝啓 ②晩夏の候、先生におかれましては益々ご健勝のことと拝察申し上げます。お陰様をもちまして、相変わりませず、私も元気にしております。
③さて、④先日は御著書を御恵投下さりありがとうございました。早速、拝読いたしました。いろいろ知らないことばかりで、日頃の不勉強さをあらためて反省いたしました。卒業論文をまとめる上で、参考になることがとても多く、本当に勉強になりました。ありがとうございました。
卒業論文は、夏休みに入ってから、毎日書き進めることを自分に課して頑張っております。毎日九時には図書館に出掛け、昼休みを一時間取る以外は、ずっと閲覧室で参考文献を脇に置きながらパソコンにむかっております。夏休みが終わる前に、これまで書きためた分をご覧いただきたいと存じます。お忙しいこととは存じますが、どうぞ宜しくお願い申し上げます。
御礼のみにて失礼申し上げます。
⑤末筆ながら、先生のご健康をお祈り申し上げます。
取り急ぎお目にかかって質問させていただきたいことも多々ございますが、

⑥八月二十四日
　　　　　　　　　　　　　　　　　　石川　武
　　　　　　　　　　　　　　　　　　　　　①敬具
⑥高橋 健一郎 先生
　　　⑦侍史

⑧追伸　先日、図書館で竹内さんに会いました。彼女は、もう卒論を書いてしまったそうです。見習いたいと思います。

◎手紙のマナー
①目上の人に出す場合や、あらたまった手紙の場合には、白地の便せんを用いる。
②筆記具は黒または青インクのものを用いる。
③誤字・脱字がないか見直しを。
・とくにあて名の誤字には注意が必要。
・本文中の字配りにも注意する。相手の名前の途中で改行したり、相手の名前や相手を指す言葉が行の一番下にきたり、反対に自分を指す言葉が行の一番上にきたりしないように配慮する。
④出すタイミングを逸しないように。
・礼状や返信は、あまり間があきすぎると失礼になるので早く出すようにする。
⑤敬称の使い方に注意。
・受信者が団体の場合は「御中」。
・個人の場合は「様」が一般的だが、先生の場合は「様」でなく「先生」とする。なお、「様」と「先生」の使い分けは、その人の職業に応じることが一般的。すなわち、議員、医者、弁護士、税理士、作家、漫画家、教員など、社会で一般に"先生"と呼ばれる職業の人に対しては、「様」よりも「先生」を用いるのがベター。もちろん、「先生様」とすることや、そうでない人に「先生」を使うのはオカシイ。

☆封書の書き方
①寄宿先は、改行して「○○様方」とする。
②「写真在中」「親展」などの外わき付けはあて名の左下に書く(横書きは右下)。
③封字は「〆」「封」「緘」などと書く。
　※横書きは「〆」を書かなくてもよい。

☆通信文の書き方
①横書きを原則とする。
②日付を1行目の右側に入れる。
③日付の次の行に、受信者の肩書きや所属を記す。
④敬称は、「殿」「各位」や、役所・会社・団体には「御中」を用いる。
⑤受信者の次の行に、発信者の所属・肩書きと名前を2行に分けて書く。
⑥前文は短くする。一般には、時候のあいさつと「御清栄」・「御清祥」・「御発展」・「御活躍」などの語とを組み合わせたものが多い。
⑦「下記」に対応させて、主文の下に「記」というかたちで用件の内容をまとめて記す。

《通信文実例》（※丸数字は上掲「☆通信文の書き方」の丸数字に対応しています。）

---

②　平成21年5月8日

③山海県学生野球サークル連盟
　加盟サークル会長　各位　④

⑤山海県学生野球サークル連盟
　　　　　　　会長　石川　武

　新緑の候、各加盟サークルの皆様には、ますますご活躍のことと存じます。
　さて、各校とも、入学式などの新学期の行事を終了したことと存じます。つきましては、本年度第1回の連絡会議を、下記の要領で開催いたします。前年度の会議で議題になりました、サークル対抗交流戦の計画案を中心に話し合いをする予定です。ご多用中とは存じますが、ぜひご出席ください。

⑦　　　　　　　　記

　　　日時　5月30日（木）午後2時～午後5時
　　　場所　山海産業大学　1号館2階大会議室A
　　　議題　サークル対抗交流戦について

　出欠のご連絡は、同封のはがきで5月27日（月）までにお願いいたします。

以上

☆はがきの書き方
①手紙（封書）を"正式"とすると、はがきは"略式"である。
・前文や末文は省略されたり、簡単にすませたりすることが多く、形式は手紙（封書）に比べて自由。
②"略式"であることを意識し、あらたまった際のお礼状などには使わない。
・綺麗だからといって絵はがきでお礼状を差し上げると、相手に対して失礼になる場合がある。
③手紙（封書）に比べて用件を書くスペースが限定されていることに注意。
・必要な場合は表の下半分まで通信に使うことができる。
・ただし、下半分を超えてしまうと定形外郵便扱いになり、受取人に差額の負担をかけることになるので注意。なお、外国土産の絵はがきを国内で使おうとする場合も、大きさによっては定形外郵便扱いになる場合があるので、同様に注意が必要。
④書いてあることが受取人以外の人の目に触れることに注意。
・他人に見られて困るような内容は書かない。携帯メールの無かった昔は、真面目に、しかしうっかりとラブレターをはがきで出してしまい、女子学生に嫌われる間抜けな男子学生が結構存在した。

☆返信はがきの書き方
　往復はがきや、封書に同封された返信はがきを出すときには、相手に失礼のないかたちに直して出す。
【表面】
①あて名の下に「行」と付いている場合は、それを二本線で消し、その傍ら（左斜め下方あたり）に個人名ならば「様」、団体名・会社名などならば「御中」と書く。
【裏面】
②出欠を知らせる場合、望む方を○で囲み、下に「させていただきます。」と書き足す。また、もう一方は二本線で消す。
③「ご出席」「ご欠席」「ご住所」「ご芳名」の「ご」「ご芳」は二本線で消す。
④幹事へのねぎらいの言葉や欠席理由などを書き添えておくとよい。

13 レポートの書き方

☆あなたが履修していた授業で"レポート"が出題されました。さあ、どうすればよいでしょう。

問1 レポートの特徴は？ 感想文とレポートでは、どういった点が違うでしょうか？

問2 レポートを書くために図書館へ資料を探しにいきました。いろいろな本を参照して必要なコピーを取るときに、最低限メモしておかなければならない情報は何でしょうか？

問3 「現代社会論」の授業で「現代日本における出生率の低下について論ぜよ」というテーマのレポートが課されたとします。次の（A）と（B）は、その書き出しの部分です。
　① より良い方はどちらでしょう。　　② 理由も指摘してください。

（A）　　　　現代日本における出生率の低下について論ぜよ

010C017　上田真由

　私は今回のレポートを書くために、図書館へ行っていろいろな参考書を探しました。現代日本における出生率の低下について、いろいろな資料があり、いろいろな原因が指摘されていました。いろいろ調べた中に、今は大変な時代だから子どもが減ったというようなことが書いてある本がありました。私もそうだと思います。いまは大変な時代です。こんなときに子育てなんてやってられません。うちの親にも、「お父さんの少ない給料で、おまえを大学にやるのは大変だ」とよく愚痴を言われます。ちょっとヤメて欲しいんですが、養ってもらっている立場では強く言えません。今の日本では、子どもをやってるのも大変です。よくテレビで、十人以上子どもがいるような家族のことを紹介していますが、驚きです。すごいことだと思います。……（後略）

（B）　　　　戦後日本の雇用状況と出生率の関連性について

010L015　上杉直子

　　はじめに
　現代の日本において、出生率が低下しているのは何故だろうか。原因としては、家族に

関する価値観の変化や近年の世界的な不況による経済状況の悪化といった要素があげられるだろう。

　こうした状況について、たとえば、山内達也は「現代の若い人は、不安定な経済状況のため、将来の生活設計が立てられなくなってしまった。端的に指摘すれば、将来への"夢"が持てなくなってしまったのだ。その結果として、彼らは、就職への熱意はもちろん、家庭を営むことをすら放棄してしまったように私には感じられる。」(『現代の若者の価値観』海山書店　2010年6月)と指摘している。

　たしかに、最近の日本人の価値観の変化は、経済状況の変化によるところが大きい。そうだとすれば、経済状況の変化と出生率の変化の相関性を調査すれば、現代日本社会における出生率の低下という問題の原因が明らかになり、対処法を考える材料も見つけることができるだろう。そこで、このレポートでは、戦後の経済状況の変化、とくに雇用状況の変化に注目し、現代社会における出生率低下の原因を検討してみたい。……(後略)

① （　A　・　B　）
②

問4 次の①～④の記述を、A事実の記述、B意見の記述に分類し、記号で答えてください。
① 日本で一番綺麗な山は富士山だ。　② 関ヶ原の合戦は1600年の出来事だ。
③ 富士山は日本で二番目に高い山だ。　④ 夏目漱石の『坊っちゃん』は面白い小説だ。
A（　　　　　　　　　　）　B（　　　　　　　　　　　　　　）

問5 次の（A）と（B）では、①どちらが読みやすいでしょう。②理由も指摘してください。

（A）戦後社会の大きな節目として、"高度成長期"と"バブル期"の二つがあると思われる。高度成長期には製造業の成長が盛んで、給与に注目すると、一般労働者のそれも毎年上昇した時代だったと思われるので、その満足度も高かった。反対にバブル期には投機的な不動産への投資が盛んで、一般労働者に対するコストは削減傾向にあったと想像されるため、相対的にその満足度は低くなった。結果として、堅実な労働を尊ぶ気風が廃れ、軽佻浮薄な雰囲気が蔓延したのだ。

（B）戦後社会の大きな節目として、"高度成長期"と"バブル期"の二つがある。高度成長期には製造業の成長が盛んで、一般労働者の給料も毎年上昇した。反対にバブル期には不動産への投資が盛んになり、投機的な経済活動が注目を集め、一般労働者に対するコストは他のコストに比べ削減傾向にあった。

　つまり、その給与に注目すると、高度成長期には一般労働者の満足度も高かったが、バブル期になると相対的に低くなってしまったと推測される。結果として、堅実な労働を尊ぶ気風が廃れ、軽佻浮薄な雰囲気が蔓延してしまったと指摘することも可能だろう。

① （　A　・　B　）
②

!? 考えるヒント

1. 授業で課される"レポート"は…、
   ①授業中に学習したことをきちんと理解しているか確認するためのレポート。
      →教科書やノートを見て内容をまとめることが要求されることが多い。
         ※大学では出席不足や理解不足などを補うための課題として出される場合が多い。
   ②調査・研究の基本的な技術を学ぶためのレポート。
      →与えられたテーマに従って、きちんと調査、実験ができたかどうかが評価される。
         ※その分野の基本的な知識・考え方を学んだ上で、自分のオリジナリティが出せればなお良い。
   以上、大きく２つのタイプに分類できます。以下、主に②の方について要点を確認します。

2. レポート作成の基本
   ①「です・ます調」ではなく「だ・である調」で書く。
   ②確かで新しい資料に拠る。
   ③引用ははっきりと示す。
   ④盗作はしない。
   ⑤友達のレポートを写さない／自分のレポートを写させない。

☆どんな点が評価されるか？
   ①課題で要求された内容を含んでいる。
   ②提出期限・文字数・用紙など、指示された型式を守っている。
   ③論理的・客観的（正確・明快な）記述である。
   ④参考文献や資料を適切に利用している。
   ⑤読み手にわかりやすいよう表記や構成に工夫がみられる。

☆記述する際の注意点
   ①事実と意見（評価）の書き分け。
      山が見える（事実）。何と美しい山だ（意見）。
         ※事実と意見をきちんと書き分ける姿勢が大切。←読みやすさと客観性の確保のため。
   ②主張を明確にする。
      ○敷衍（ふえん）…詳しく言い直す（「すなわち、……」）。
      ○例解…例をあげて説明する（「たとえば、……」）。
      ○比較・対比…似たような事例・対立する事例と比べる（「いっぽう、……」）。
      ○限定・条件…主張が成り立つ場合を限定する（「少なくとも、……」）。
         ※接続語の使用は有効。
   ③他人の意見に対して自分の意見を述べるときの注意。
      ○キーワードの意味に注意。
      ○事実認識の違いに注意。
      ○暗黙の前提に注意。
      ○事実と意見（評価）の違いに注意。

3．作成の手順

①テーマの理解（自分自身の問題意識）。
　→課題は、抽象的で大まかなテーマ設定のものがほとんど。
　　※焦点を絞って自分で問題を設定する（問いを立てて答えを記述する）必要がある。
②資料・データの収集と整理。
　→実験や調査、あるいは図書館の利用。
③レポートの構成。
　→章立て・目次を考え、章・節・小節にわけて記号をつける。見出しを立てる。
　　※章立ては、たんに1、2、3…、などと数字や記号だけで示すのではなく、内容を示す簡単な見出しを立てると、読み手の理解のために効果的である。
　　　　はじめに
　　　　 1章～ｘ章
　　　　おわりに（まとめ）←「考察＝何がわかったか」が必要。
　　　　参考文献
④レポートの書式。
　〇引用の書式
　　→短い引用は「　」で括って示す。長めの引用は2字下げで示すことが一般的である。
　〇注の付け方
　　→分野によって注の付け方の流儀に違いがある。そのため、レポートを書くときに、実際に参考にしたその分野の文献の注の付け方を参考にするのが良い。
　〇参考文献の示し方
　　→レポート中に直接引用はしなくても、参考にした文献は、最後に「参考文献」として列挙する。それぞれの文献ごとに改行する。
⑤タイトル・副題の付け方。
　→テーマ・課題とタイトルは違う（ことが多い）。
⑥最後に。
　→ワープロで作成した場合、プリントアウトしたものは最低でも一回は読み直す。
　　※表紙、ホチキス留めも忘れずに。学籍番号・名前は不可欠。

〔例〕引用・注・付記・見出し・参考文献の示し方

☆パターン1…「はじめに」などと見出しを立てる。比較的短い引用は「　」で括る。

　　　　戦後日本の雇用状況と出生率の関連性について
　　　　　　　　　　　　　　　　　　　　　　　010L015　上杉直子
　　　　　はじめに
　現代の日本において、出生率が低下しているのは何故だろうか。たとえば、山内達也は「現代の若い人は、不安定な経済状況のため、将来の生活設計が立てられなくなってしまった。端的に指摘すれば、将来への"夢"が持てなくなってしまったのだ。」（『現代の若者の価値観』海山書店　2010年6月）と指摘している。こうした問題を、私たちはどのように考えるべきであろうか。……（後略）

☆パターン２…「はじめに」などと見出しを立てる。少し長い引用は２字下げにする。注を付ける。付記を付ける。

　　　　　　戦後日本の雇用状況と出生率の関連性について
　　　　　　　　　　　　　　　　　　　　　　　　　　010L015　上杉直子
　　　　　はじめに
　現代の日本において、出生率が低下しているのは何故だろうか。たとえば、つぎのような指摘[1]をしばしば目にすることがある。

　　　現代の若い人は、不安定な経済状況のため、将来の生活設計が立てられなくなってしまった。端的に指摘すれば、将来への"夢"が持てなくなってしまったのだ。その結果として、彼らは、就職への熱意はもちろん、家庭を営むことすら放棄してしまったように私には感じられる。

こうした問題を、私たちはどのように考えるべきであろうか。

　　　　１　高度成長期とバブル期
　ところで、戦後の経済状況の変化の大きな節目として、"高度成長期"と"バブル期"の二つがある。この二つの時期の給与に注目して、つぎのような指摘[2]もなされている。

　　　高度成長期には製造業の成長が盛んで、一般労働者の給料も毎年上昇した。反対にバブル期には不動産への投資が盛んになり、投機的な経済活動が注目を集め、単純労働のコストは削減され、一般労働者の給与は、華やかな表面上の経済発展の割には押さえられることとなった。

　この指摘にしたがえば、一般労働者の満足度は、高度成長期には高かったが、バブル期には相対的に低くなったと考えられる。その結果として、堅実な労働を尊ぶ気風が廃れ、軽佻浮薄な雰囲気が蔓延してしまったと推測することも可能だろう。……（中略）

　　　　　おわりに
　以上の考察によれば、若者が夢を持てるような社会構造を実現することが、出生率増加のカギとなることが理解できる。出生率の問題は、たんに個人的な価値観のレベルの問題ではなく、国の政策と深く関わっていることが理解できるのである。

　〈注〉
（１）　山内達也『現代の若者の価値観』山海書店　2010年６月
（２）　川上健一『戦後経済の展開』岡野書院　2008年11月

〈参考文献〉
山内達也『現代の若者の価値観』山海書店　2010年６月
川上健一『戦後経済の展開』岡野書院　2008年11月
西条幸子『日本人の戦後』草原書房　2005年６月
久松道雄「バブル期の日本人」（『月刊バブル』泡沫書店　2004年１月）
加藤亜矢「現代若者の就職事情」（『季刊就職』就職援護会　2003年５月）

〈付記〉
　本レポートを作成するにあたり、山海町商店会会長の木村庄三様には、ご多忙中にもかかわらず、快くインタビューに応じて下さいました。記して感謝申し上げます。

(付) 原稿用紙の使い方

☆「縦書き」の場合
　①題名…2行目の4文字目から書き始める（ことが一般的である。最初の行から書くこともある）。
　②氏名…3行目に、下を1字程度あけて書く（ことが一般的である。2行目に書くこともある）。
　③書き出し…本文は氏名から1行あける（ことが一般的である。氏名のつぎの行から書くこともある）。そして、行頭を1字あけて書く。
　④段落の変わり目…改行し、行頭を1字あけて書く。
　⑤会話文…「　」で括る。
　⑥句読点（、。）や符号（・「　」『　』？！）は、それぞれ1字分使う。ただし、句読点や閉じる括弧が行の冒頭に来るときには、前の行の最後に書く。リーダー（…）やダッシュ（―）は、2字分使う（ことが一般的である）。

☆「横書き」の場合
　①「縦書き」の場合に準ずる。
　②数字は、原則として算用数字を用い、1マスに2字入れるのが一般的である。ただし、普通名詞として熟している言葉（「一日中」や「三日月」など）は、漢数字で書く。

☆符号

符号	名称	説明
。	句点	文の終止を示す。
、	読点	文中の切れ目を示す。
・	中黒（中点）	並列を示す。
々	おどり（繰り返し記号）	漢字を繰り返す場合。現在でも用いる"おどり"はこれのみ。
（　）	括弧	説明を示す。
「　」	カギ括弧	会話や引用を示す。また、強調を示す。
『　』	二重カギ括弧	カギ括弧が重なる場合に用いる。また、書名を示す。
―	ダッシュ（ダーシ）	言い換え（「すなわち」の意）を示す。また、気分の転換や余情を示す。
…	リーダー	省略や無言を示す。また、気分の転換や余韻を示す。
！	感嘆符	感嘆や呼びかけ、あるいは命令などの気分を示す。
？	疑問符	疑いや問いかけの気分を示す。

☆推敲(すいこう)
　①加筆…行間に語句を加筆し、挿入箇所を｛で示す。または、欄外に語句を加筆し、吹き出しのように挿入箇所を示す。
　②訂正…訂正したい語句の上に二重線を引き、訂正する語句を加筆と同様の方法で書き込む。
　③削除…削除したい語句の上に二重線を引く。
　　※推敲の場合、原則的に赤鉛筆や赤ペンは用いない。

14　履歴書・エントリーシートの常識

☆就職活動では、上手に自分を主張する必要があります。

問1　以下の①から⑥は自己ＰＲ（私の特徴）の例です。それぞれの欠点を指摘してください。

①　私のキャッチフレーズは、「何にでもチャレンジ」です。小学校６年生までは元気のない子どもでしたが、いろいろあって、とても積極的になりました。その後は、中学で吹奏楽部、高校で器械体操部に入りました。大学生活では、コンビニの店員などのアルバイトをしました。サークルも３つ掛け持ちして活動し、旅行にもけっこう行きました。友達もたくさんいますし、性格も前向きです。

②　私の長所はゆったりとした性格です。欠点としては、「明日できることは明日やる」というように、いろいろなことを先延ばしにしてしまう癖があります。子どもの頃は、親や先生からよく注意されました。そこで、いざとなったときには徹底的にやることを、ずっと実行しております。授業のレポートは締め切りを守り、遅刻・欠席もしません。こうと決めたら徹底的にやる性格でもあります。

③　私は、両親や友人から「やさしい性格をしている」と言われます。たしかに、困っている人を見ると助けてあげたくなってしまい、自分よりも他人を優先してしまうところがあります。親からは「おまえは人が良すぎるよ」と言われ、友達からは「やさしいのに損をしている」と言われますが、私は別に損をしたとは思いませんし、人が良いのは私の性格で仕方ありません。私は、自分に自信をもっています。

④　中学・高校・大学と、運動系の部活が盛んな学校に通ったので、私にも元気があります。学生生活を通じて一番良かったことは、スポーツ観戦の機会に恵まれたことです。たとえば、高校のとき、私の学校の野球部が夏の全国大会に出て、準決勝まで進みました。あの時の興奮は忘れられません。毎日試合結果に一喜一憂し、人生でもっとも充実した夏休みでした。

⑤　ファミリーレストランでアルバイトをしているので、接客には慣れています。私はとくに店長から信頼を頂いており、本当は社員さんがやらなければならない仕事の一部も任されています。バイトの教育は率先して引き受けており、ヤル気の無い人は、たとえ私より年上でも辞めてもらうように指導しています。ですので、御社でも私の指導力を発揮できる自信があります。

⑥　消費者行動論のゼミに所属していたので、御社のような大きなデパートで私の知識を活かしたいと考えています。現在のデパート経営は、業界の存亡をかけた重要な局面にあると言えるでしょう。私が見たところ、現在のデパートには、昔あった重厚感や安定感が欠けています。解決のためのキーワードは「高齢化社会」です。つまり、お年寄りが満足できるデパートにしなければ、生き残りは望めません。

問2　つぎの志望理由（A・B）を読み、①と②に答えてください。

（A）　私は、地元で事務職に就くことを強く希望してまいりました。山海市で生まれ育った私は、御社にとても親しみを感じております。また、「共存共栄」という御社の経営理念にも深く共感いたしました。自分の持ち味である責任感の強さを活かしたい、また大好きな地元のために働きたいと願っている私にとって、御社こそが自信と誇りをもって働くことのできる場と考え、志望いたしました。

（B）　私は、御社の「共存共栄」という経営理念に深く共感いたしました。御社は、山海花火大会をはじめとする地元のイベントに多数協賛され、地元重視の姿勢を強く打ち出していらっしゃいます。地元との信頼関係は、一朝一夕にできるものではありません。創業75年の歴史があればこそだと思います。地元に密着することで安定した経営基盤を確立された点に大きな魅力を感じ、志望いたしました。

①あなたはどちらの方が良いと思いましたか？
　　（　A　・　B　）

②その理由を簡単に説明してください。

問3 つぎの文中の（1）～（8）に入る適切な語を、後の《語群》ア～コから選んでください。

　履歴書・エントリーシートを書く上で忘れてはならないことは、"（　1　）"ということです。ですから、履歴書・エントリーシートには、"（　2　）ことを書く"ことが基本です。また、いったん書き上げた履歴書・エントリーシートは、自分が面接する側になったつもりで、もう一度読み直してみる必要があります。

　履歴書・エントリーシートで、一番苦労するのが「自己ＰＲ」と「志望動機」です。どちらにも共通するポイントは、"あなたでなくては書けないことを書く"です。同じ体験をしても、人によって感じ方や考え方は異なります。エピソードや考えたことを、"（　3　）で書く"ことがポイントです。

　たとえば、自己ＰＲならば、いくつもの要素を並べる必要はありません。ポイントは（　4　）に絞って、具体的なエピソードや夢や抱負を、（　3　）で書きます。

　志望動機で避けたいことは、会社の（　5　）を書いてしまうことです。「売り上げが業界一位だから」とか、「同業他社と比べて初任給が高いから」とか、「世界に通用する技術力があるから」、「世界企業だから」、あるいは「土・日休めるから」という理由は、その会社の（　5　）ですが、志望理由としては不十分です。自分が何をやりたいのか、自分がどういう社会人になりたいのか、そういった（　6　）を書くことが必要です。その実現のための"技術力"であったり、"世界企業"であったりすればまだしも、たんなる"初任給"や"土・日休み"は、企業に提出する「志望動機」としては明らかに失格です。

　また、「学生生活」に関して聞かれることもよくあります。その場合は、"（　7　）を乗り越えたエピソード"を中心にまとめるとよいでしょう。いくら成績が良くても、"授業に真面目に取り組んだ"というだけでは効果的なアピールにはなりません。たとえば、授業を一度も休まずに全優（オールＡ）を取ったとしても（立派なことですが）、それが決め手になってどんな企業でも一番に採用してくれるというわけではありません。なるべく（　8　）から材料を見つけることをおすすめします。

　「興味を持っていること」について聞かれることもよくあります。この場合は、あまり大きな話題ではなく、身近な、あなたがよく知っていて、あなた自身の言葉で語ることのできる話題にすると良いでしょう。

（1）＿＿＿＿　（2）＿＿＿＿　（3）＿＿＿＿　（4）＿＿＿＿

（5）＿＿＿＿　（6）＿＿＿＿　（7）＿＿＿＿　（8）＿＿＿＿

《語群》
ア　自分の言葉　　　　イ　面接で聞いて欲しい　　　ウ　困難
エ　面接で使用される　　オ　なるべく１つ　　　　　　カ　目標
キ　魅力　　　　　　　ク　自主的な活動

問4 「自己PR」を書いてください。

問5 「志望動機」（もしくは、「こんな仕事をしたい」）を書いてください。

‥‥ 学習の手引き ‥‥‥‥‥‥‥‥‥‥‥‥‥‥‥‥‥‥‥‥‥‥‥‥‥‥‥‥‥‥
・できたと思っても、面接を想定して何度も書いてみてください。
・業界別・職種別に詳しく解説した参考書もたくさん出版されていますので、是非参考にするとよいでしょう。しかし、最初は自分の力で書いてみることをおすすめします。

（付記）　スピーチや作文は、履修者どうしでお互いに批評し合いましょう！

　スピーチの場合、スピーチの後に質問の時間を取ったり、あるいは小さな紙を用意して、スピーチを聞いた感想を一言書いて本人に渡すなどすると効果的です。

　作文の場合、少人数のクラスでしたら、このテキストに書き込んだ作文を回し読みしてお互いに意見を言い合うことも可能でしょう。あるいは、クラスの全員に対して、自分の作文を朗読することも効果的です。

　ただし、作文の場合は、そうしたやり方では履修者の感じるプレッシャーも大きく、なかなかお互いに意見が出しにくい雰囲気になってしまう傾向があります。そこで、以下のように授業を進めましょう。

①別紙（原稿用紙でもＡ４程度の大きさの白紙でもＯＫ）を用意し、作文を書く。
②書いた作文を、いったん教員が回収する。
③４〜６名程度のグループをつくり、回収した作文をグループごとに４〜６枚ずつ任意に再配布し、グループ内で回し読みをする。その際に、裏面に一言ずつコメントを書く。
④グループ全員が全部の作文にコメントしたら、その作文を隣のグループに渡す。そして、別の隣のグループから、そのグループがコメントを付け終わった作文をもらう。
⑤上記の作業を繰り返す。なお、90分授業では、20〜25枚くらい読んでコメントを付けることができるはず。
⑥コメントが付いた作文を教員が回収。
⑦教員がコメントの付いた作文を本人に返却する。

　※コメントを付けるときのルールは、"けなさない"こと（質問はＯＫ）。本当に一言で充分です。長々と書く必要はありません。コメントの最後には、責任を持って自分の名前を添えましょう。
　※グループ分けは、作業の効率化のため、便宜的にするものです。
　※実名ではなく、ペンネームをつかっても楽しくできます。その場合、①で用意する別紙の表には実名を書いて連想法や構成表をつくる作業に使い、裏にはペンネームで作文を書きます。そして、教員がいったんそれを回収して、ペンネームで書いた作文の面をコピーします（作文のコピーの裏面は白紙です）。そして、そのコピーを③と④の作業に使って回収します。こうすれば、履修者同士は、お互いに誰の作文かを特定されることなく、また教員は、どれが誰の作文かわからなくなることなく、ペンネームで作業が進められます。
　※授業の人数にもよりますが、上記①②は第１週の作業、③〜⑥は第２週の作業、最後の第３週に⑦のフィードバックです。

解答・解説

序章　コミュニケーション能力の重要性
【問1】略

01　自己紹介
【問1】
① (例) クラスの仲間に自分の存在を覚えてもらい、自分の特徴や性格を理解してもらうこと。
② (例) 聞き手であるクラスの仲間に自分の自己紹介の印象を残すこと。

【問2】
① (例) 最初に名乗っていない。言葉づかいがふさわしくない。(※名乗らなければ、"自己紹介"の意味をなさない。また、友達と個人的な会話をするときの言葉づかいと、クラス全員に向けて公に話すときの言葉づかいとは自ずと異なる。「03敬語の基本」参照。)
② (例) 事柄を羅列しただけで、内容に特徴がない。(※いくら事柄を並べても、印象には残らない。真面目に話しているのに印象に残らない。自己紹介の失敗例としては一番多いパターン。)
③ (例) 他人のことを貶している内容なので、聞いている側が不快になる。(※結果として、聞き手とのコミュニケーションを自ら絶ってしまうことになる。)
④ (例) 自分のことを卑下・言い訳する内容なので、聞いている側が引いてしまう。(※結果として、聞き手とのコミュニケーションを自ら絶ってしまうことになる。こうした「あっ、でも…」は、ついやってしまう"言い訳"の典型的なパターン。)

【問3】(例) テーマを絞って具体的に話す。エピソードなどを交える。何か特技があるなら、実際にやって見せる。照れくさがらず、聞いている人の反応を見ながら、聞き手の興味にしたがって話題をふくらませるように心がける。

【問4】①略　②略　③略

02　スピーチ
【問1】
① (例) 楽しかったことが具体的に書かれていないため、楽しさが伝わらない。(※「やっぱり」、「すごく」、「いろいろ」、「本当に」などの言葉をあまり安易に使うと、聞き手の共感は得られない。)
② (例) 事柄を羅列しただけで、内容に具体性が不足しているため、楽しさが伝わらない。(※羅列するだけでなく、一つひとつの事柄をもっと具体的に話さなければ、聞き手の共感は得られない。)
③ (例) 意味無く具体的に過ぎて、楽しさのポイントが伝わらない。(※小学生の作文によくあるパターン。伝えたいことを絞り込まなければ、聞き手の共感は得られない。)

【問4】略

03　敬語の基本
【問1】
1：先生、明日は学校へいらっしゃいますか。
2：書類はあちらでお受け取りください。
3：詳細につきましては、あちらのカウンターでお聞きになってください。
4：先生、どうかなさいましたか。
5：山本様でいらっしゃいますか。
6：司会の方がご紹介くださいます。(※「ご～する」は謙譲表現。)
7：先生、今日の朝刊、もうご覧になりましたか。(※「ご～になられる」は二重敬語。)
8：とんでもないです (とんでもないことでございます)。(※「とんでもない」で一語。ただし、最近の調査では「とんでもございません」に違和感を持たない人が増えているので、そのうちには定着するかもしれない。)
9：お土産を下さって、ありがとうございます。

【問2】(1) 尊敬語　(2) 謙譲語　(3) 丁寧語

【問3】1：ご覧になる　2：下さる　3：おっしゃる　4：召し上がる　5：お召しになる　6：いらっしゃる

【問4】1：お書きになる　2：お聞きになる　3：おもらいになる　4：お急ぎになる (急いでおいでになる)　5：お疑いになる　6：お乗りになる

【問5】1：出発なさる (ご出発になる)　2：結婚なさる (ご結婚になる)　3：ご乗車になる　4：読書なさる　5：激怒なさる　6：誤解なさる

【問6】1：申し上げる　2：拝見する (拝読する)　3：いただく　4：うかがう　5：おります　6：いたします

【問7】1：お知らせする (お知らせいたします、お知らせ申し上げます)　2：ご連絡する (ご連絡いたします、

ご連絡申し上げます）　3：お慕いする（お慕いいたします、お慕い申し上げます）　4：お恨みいたします（お恨み申し上げます）
【問8】1：山です（山でございます）　2：であります（でございます）　3：あります（ございます）　4：飲みます　5：大きいです（大きゅうございます）　6：おいしかったです（おいしゅうございました）
【問9】A（2・4・6・8・10・12）　B（1・3・5・7・9・11）

04　電話対応の基本
【問1】
①（例）まず、電話をかけた方は、自分からきちんと名乗るべき。また、受けた方も、呼び出された人物の不在を伝えてから、電話をかけてきた相手に誰かを訪ねた方が親切。「失礼ですが……」という中途半端な表現は、相手を気遣っているようでかえって失礼。「あいにく、原田は本日出張のため出社しておりませんが、失礼ですが、どちら様でしょうか」などと言うべき。
②（例）電話の"たらいまわし"は相手に失礼。どこに繋ぐべきかをしっかり確認してから対応する。すぐに分からない場合は、一旦電話を切って確認した上で、折り返しこちらから電話をかける。
③（例）社内用語や略語は使わない。（※「MG」は「ミーティング」、「クリパー」は「クリスマスパーティ」、「タチヨリ」は「立ち寄り」、「チョッキ」は「直帰」で出先から会社に戻らず直接自宅へ帰ること。）
④重要な要件を受けた場合、電話を受けた者は責任を持つためにきちんと名乗るべき。（※「お電話ありがとうございました。わたくし鈴木がお受けいたしました」のように言い添える。）
【問2】
①田中部長でございますね。→田中でございますね。
②ちょっと待ってて→少々お待ち
③戻っていらっしゃる→戻る

05　面接の基本
【問1】
①（例）学んだことや体験を具体的に述べていないため、どういう意義のあった経験なのかが伝わらない。
②（例）自分のことを卑下・言い訳してしまっており、自分をアピールする表現としては不適切。どういう意義のあった経験なのかが伝わらない。
③（例）取り組んだ体験を語らずに取り組むまでの経緯しか述べていないため、どういう意義のあった経験なのかが伝わらない。
【問2】
①（例）学生であれば授業に出るのは当たり前。当たり前過ぎて自己ＰＲにならない。
②（例）「授業でやっていた」では、自分が興味を持った理由にはならない。受身な条件ではなく、自分の主体的な動機を述べるべき。
③（例）会社の魅力を語っているだけで、自分の動機を述べていない。
④（例）開き直ってしまった。語調によっては"逆ギレ"とも取られかねない。このように面接担当者に聞き返してはいけない。
⑤（例）親の希望ではなく、自分の主体的な希望を述べるべき。
⑥（例）正直すぎる。たとえ本心は第三希望であっても、第一希望と答えることが面接をして下さっている相手に対する礼儀。
⑦（例）奇抜な質問とはいえ、答えられて当然の質問に対して返答に窮してしまった。
⑧（例）相手の立場への配慮がない。相手はその会社で何十年もその仕事をしている人である。結果として勘違いも甚だしい返答になってしまった。
　　（※いずれの回答例も、結果として「幼稚だ！」と思われてしまう。）

06　良い文章とは
【問1】略　【問2】略　【問3】略

07　記憶に残る文章
【問1】①B　②（例）Bの方が自分の経験を述べて具体的だから。（※Aは原則論の文、Bは具体的な文。具体的な方が印象に残りやすい。ただし、Aにも、まとまりがよい、構成がしっかりしている、などの良い点はある。）
【問2】①D　②（例）Cは感情的に是非を述べただけだが、Dは論理的に説明されているから。（※Cは感情的な文、Dは論理的な文。論理的な方が説得力がある。ただし、例文の場合、「Dはデータを具体的に示していないので、肝心の数字が曖昧なDよりも感情的なインパクトの強いCの方が印象に残る」という理屈も成り立つ。）
【問3】①E　②（例）Eは論理的に説明されているが、Fは感情的に正しいという主張を述べただけだから。（※Eは論理的に正しい文、Fは感情的に正しい文。論理的に正しい方が説得力がある。）

【問4】①H　②(例) Gはスポーツ・音楽鑑賞・読書などに言及して内容が抽象的だが、Hはサッカーに絞って具体的に述べているから。(※Gはいろいろなことを書いた文、Hは一つのことを具体的に書いた文。文章のテーマはひとつに絞った方が、書き手の主張がよく伝わる。)

08　ストレスのない文

【問1】
①書き言葉としての格調がない。(※話し言葉やネットやメールに特有な表現はやめよう。)
　やはり、友人はとても大切だ。なぜなら、困ったときには、いろいろ教えてくれるからだ。
②文末表現が統一されていない。(※常体か敬体で統一する。)
　昨日私は先生に怒られました。なぜなら授業中に居眠りしていたからです。(※←敬体。)
　昨日私は先生に怒られた。なぜなら授業中に居眠りしていたからだ。(※←常体。)
③主述が照応していない。
　私の好きな食べ物は、アイスクリームとチョコレートだ。(※←主語に照応させた場合。)
　私は、アイスクリームとチョコレートが好きだ。(※←述語に照応させた場合。)
④重複表現がある。
　私は頭痛がする。(※「頭痛」をいかした場合。)
　私は頭が痛い。(※「痛い」をいかした場合。)
⑤重複表現がある。
　私は毎土曜日に俳優のオーディションを受けています。(※「毎」をいかした場合。)
　私は土曜日ごとに俳優のオーディションを受けています。(※「ごと」をいかした場合。)
⑥一文が長い。
⑦主語の前にある主語を修飾する語句が長すぎる。
⑧主語と述語が離れすぎている。
⑨修飾語と被修飾語が離れすぎている。
　四月から六月までの予定で始めたプロジェクトが、九月の終わりになって、やっと終わった。
⑩不必要な表現が重なっている。(※似たような意味の修飾語を重ねて用いることは避ける。)
⑪遊んでいるのが一人なのか二人なのかわからない。(※中途半端な表現になってしまっている。)
　佐知子と耕太との子が遊んでいました。(※耕太と佐知子の子どもが一人で遊んでいる場合。)
　耕太の子と佐知子が遊んでいました。(※耕太の子どもと佐知子が二人で遊んでいる場合。)
⑫言葉の誤用がある。
　休みの日には友達とドライブに出掛けたり、ファミレスで食事をしたりします。(※「たり」を使う場合は2回以上用いる。)
⑬落第するかと心配していた数学の試験だったが、結果は大変良かった。(※「全然」は否定的な表現のときに用いる。副詞の呼応。)

【問2】文意が二通りにとれてしまう。(※(A)は勉強をしているのが私なのか妹なのかわからない。(B)は血まみれになっているのが刑事なのか泥棒なのかわからない。なお、こうした欠点も、読点をきちんと打つことで、ある程度回避できる。)
　私は、勉強をしながらテレビを見ている妹に話しかけた。(※勉強をしているのは妹。)
　私は勉強をしながら、テレビを見ている妹に話しかけた。(※勉強をしているのは私。)
　刑事は、血まみれになって逃げる泥棒を追いかけた。(※血まみれになっているのは泥棒。)
　刑事は血まみれになって、逃げる泥棒を追いかけた。(※血まみれになっているのは刑事。)

【問3】
①私は、大学生です。(※主語の後。)
②悩み多き3年間の高校生活にようやく終止符を打った私は、大学生になった。(※主語の後。)
③私は、昼間は働きながら夜は学校に通う大学生です。(※主語の後。)
④3年間の充実した高校生活の末に、私は大学生になった。(※主語の前の長い連用修飾語の後。)
⑤青春時代のこの3年間は、苦しみ、悩み、迷い、惑う、つらい毎日だった。(※並列する語の間。)
⑥しかし、私は大学生になった。(※接続語の後。)
⑦3年間も悩み続けていれば、自分の可能性を疑いたくなるときもある。(※条件節の後。)
⑧この3年間というもの、毎週私は模擬試験を受け続けた。(※意味の切れるところ。)
⑨まあ、学生さん、お若いのにずいぶんご苦労をなさったのね。(※意味の切れるところ。)

09　文章作成の手順1〜テーマを絞る〜

【問1】略　【問2】(例) 連想法。マップ法。　【問3】略　【問4】略

10 文章作成の手順2～実際に書いてみよう～
【問1】略　【問2】略

11 メールの基本
【問1】
① （例）宛名がない。差出人が名乗っていない。
② （例）改行がなく、見やすさに配慮がされていない。
③ （例）宛名と挨拶が最後に来ているため、相手は誰から何の目的で来たメールか分からないまま読んでいくことになってしまう。
【問2】絵文字や（笑）・（爆）など、メールに特有の表記は、あらたまったメールや目上の人へのメールでは使わない。

12 はがき・手紙の書き方
【問1】
（表）…あて名の下の「行」を二本線で消し、その左下あたりに「御中」と書く。
（裏）…「ご欠席」の「欠席」部分を○で囲み、下に「させていただきます。」と書き足す。また、「ご出席」は二本線で消す。さらに「ご欠席」「ご住所」「ご芳名」の「ご」「ご芳」を二本線で消す。欠席の挨拶は「申し訳ありませんが都合が付かず、失礼致します。」などと空いているスペースに書き添える。
【問2】①イ　②ア　③ウ　④カ　⑤エ　⑥オ
【問3】①初秋の候（「新秋の候」などでも可。）　②でお過ごしのことと拝察申し上げます（「のこととお喜び申し上げます」などでも可。）　③先生　④敬具
【問4】①2　②7　③11　④4　⑤1　⑥8　⑦5　⑧12

13 レポートの書き方
【問1】（例）レポートで大切なことは"客観性"が保証されていること。感想文は主観を中心にまとめても良いが、レポートや論文の場合は内容が客観的であることが求められる。
【問2】本の場合は、著者名・書名・出版社・出版年月。（※レポートの客観性を保証するために必要な情報。日本語の本の場合、書名は『　』で示す。新聞などの場合は、年月だけでなく、日づけと朝刊・夕刊の別も必要。また、著者と発行者を混同してしまうミスもよく見受けられるが、発行者は出版社の代表者であることが多く、著者ではない。）
【問3】①B　②（例）きちんとタイトルが付けられており、レポートで問題にする点が明確化されているから。また、文体も常体に統一されており、引用もきちんと示されているから。（※レポートは原則として常体で書く。客観性を保証するため、引用はきちんと示す。目標を定めずにだらだらと書くのではなく、自分で問題を絞り、問いを立てて記述する。ただし、必ずしも「○○は××であろうか？」というように問いかけの文にしなくても良い。タイトルも自分で考える。）
【問4】A（②・③）　B（①・④）
【問5】①B　②（例）Bは段落分けをして、前の段落に事実の記述を集め、後の段落に意見の記述を集めているので理解しやすいから。

14 履歴書・エントリーシートの常識
【問1】
① （例）とりとめなく書きすぎてまとまりがない。そのため、肝心の「いろいろあって」が具体的に説明されていない。
② （例）当たり前のことは自己ＰＲにならない。「締め切りを守らなかったことはありません」と主張されても、それは当然のこと。逆にだらしのなさを印象づけてしまう。
③ （例）開き直りは自己ＰＲにならない。「仕方ありません」は悪い印象になってしまう。
④ （例）他人のことは自己ＰＲにならない。自分が主体的に関わったことでなければ、自分を主張することにはならない。
⑤ （例）自分の立場をわきまえていない。自分の能力を勘違いしている。自分の与えられた役割を適切にこなしているとは言い難い。
⑥ （例）相手の立場への配慮がない。自分の能力を勘違いしている。面接の担当者は、その会社で何十年も仕事をしてきた人。短い学生時代に学んだ狭い知見で相手を説得できるはずがない。
（※⑤と⑥は、いずれも、幼稚な印象を面接担当者に与えることになる。）
【問2】①A　②（例）内容はいっけん似ているが、Bはその会社の魅力しか述べていないのに対して、Aは自分自身の動機を述べているから。
【問3】(1)エ　(2)イ　(3)ア　(4)オ　(5)キ　(6)カ　(7)ウ　(8)ク　【問4】略　【問5】略

〔監修者〕
伊藤　善隆（いとう　よしたか）
小森　　潔（こもり　きよし）
〔編者〕
津島　知明（つしま　ともあき）
内藤　寿子（ないとう　ひさこ）
野網摩利子（のあみ　まりこ）
山本　幸正（やまもと　ゆきまさ）

日本語リテラシー

2009年10月26日　初刷発行
2020年 9月23日　 6刷発行

監修者　伊藤善隆・小森潔
発行者　岡元学実

発行所　株式会社　新　典　社

〒101－0051　東京都千代田区神田神保町1－44－11
営業部　03－3233－8051　編集部　03－3233－8052
ＦＡＸ　03－3233－8053　振　替　00170－0－26932
検印省略・不許複製
印刷所　惠友印刷㈱　製本所　牧製本印刷㈱

Ⓒ Ito Yoshitaka／Komori Kiyoshi 2009

ISBN 978-4-7879-0627-4 C1081
https://shintensha.co.jp/　　E-Mail:info@shintensha.co.jp